Sol y luna

Sol y luna ●

Sol y luna ●

Cuentos de la Odisea por

Mary Pope Osborne

Libro segundo

La Tierra de
los Muertos

Luna por
Hector Hoyos

GRUPO
EDITORIAL
norma

Bogotá, Barcelona, Buenos Aires, Caracas, Guatemala, Lima, México, Panamá,
Quito, San José, San Juán, San Salvador, Santiago de Chile, Santo Domingo.

Osborne, Mary Pope
    La Tierra de los Muertos : Cuentos de la Odisea / Mary
Pope Osborne ; traductor Laura Quintana. -- Bogotá :
Grupo Editorial Norma, 2006.
    168 p. ; 21 cm. -- (Colección Sol y Luna)
    ISBN 958-04-9500-9
1. Homero, fl. siglo IX? a.C. - Crítica e interpretación
2. Mitología griega - Literatura juvenil 3. Dioses - Cuentos
y leyendas I. Quintana, Laura, tr. II. Tít. III. Serie.
883.01 cd 19 ed.
A1088536

    CEP-Banco de la República-Biblioteca Luis Ángel Arango

Título original en inglés: *Tales from the Odyssey* II: *The Land Of The Dead*
Copyright © Mary Pope Osborne, 2002
Publicado originalmente por *Hyperion* en Estados Unidos y Canadá con el título
Tales from the Odyssey II: *The Land Of The Dead*
Publicado en español de acuerdo con *Hyperion Books for Children*,
una división de *Disney Children's Book Group*, New York
Copyright © Editorial Norma, S. A., 2006, para Estados Unidos, México, Guatemala, Costa
Rica, Nicaragua, Honduras, El Salvador, República Dominicana, Puerto Rico, Panamá,
Colombia, Venezuela, Ecuador, Perú, Bolivia, Paraguay, Uruguay, Argentina y Chile.
Apartado aéreo 53550 — Bogotá, Colombia
Impresión: Nomos S.A.

Impreso en Colombia — Printed in Colombia
Traducción: Laura Quintana
Texto de la sección Luna: Héctor Hoyos
Edición: Maria Villa y Gabriela García
Ilustraciones: Julián De Narváez
Diseño de colección y armada: Patricia Martínez Linares

1a edición, septiembre de 2006
ISBN: 958-04-9500-9
C.C. 12058

Contenido

PRÓLOGO — 9

LA TIERRA DE LOS MUERTOS — 11

La isla de los gigantes caníbales — 13

Un regalo de los dioses — 17

El hechizo de la bruja — 20

El dios mensajero — 25

El palacio de la bruja — 28

El otro viaje — 33

La Tierra de los Muertos — 37

Como una sombra o un sueño — 39

Los fantasmas guerreros — 43

ACERCA DE HOMERO Y *LA ODISEA* — 47

Dioses y diosas de la antigua Grecia — 48

Nota sobre las fuentes — 48

Prólogo

En el amanecer de los tiempos, existió un mundo misterioso llamado el monte Olimpo. Escondido tras un velo de nubes, a este mundo no lo arrastraban los vientos ni lo bañaban las lluvias. Aquellos que vivían en él nunca envejecían, y tampoco morían. No eran humanos. Eran los poderosos dioses y diosas de la antigua Grecia.

Los dioses y diosas del Olimpo tenían gran poder en la vida de los hombres que vivían abajo en la Tierra. Una vez, su furia abligó a un hombre llamado Odiseo a vagar por los mares durante muchos años, tratando de encontrar el camino de regreso a casa.

Hace casi tres mil años, un poeta griego llamado Homero narró por primera vez la historia del viaje de Odiseo. Desde entonces, muchos escritores han contado una y otra vez el extraño y maravilloso relato. Nosotros llamamos a esa narración la *Odisea*.

La Tierra de los Muertos

La isla de los gigantes caníbales

Durante días, Odiseo, rey de la isla griega de Ítaca, navegó con sus guerreros sobre el mar tranquilo. Mientras remaba, sentía mucha lástima por sus hombres. Sabía que estaban afligidos por la muerte de sus compañeros a manos del cíclope, el gigante de un solo ojo. Sabía también que se sentían culpables porque sus necias acciones habían enojado al dios de los vientos. Y ahora no había viento que hinchara las velas de las doce naves griegas.

Odiseo compartía la desesperación de sus hombres, pero combatía su pena con una imagen: la imagen de su hogar. Antes de despertar la ira del dios de los vientos, los griegos ya navegaban cerca de Ítaca. Por primera vez en diez años Odiseo había visto las orillas rocosas de su isla, sus bosques verdes y el humo de sus chimeneas. Había imaginado a su esposa, Penélope, preparando la cena para sus ancianos padres y su joven hijo, Telémaco.

Ahora, Odiseo remaba con Ítaca y su amada familia siempre en mente. Durante seis días y seis noches, sin la ayuda siquiera de una leve brisa, él y sus hombres remaron sin parar.

Al séptimo día, arribaron a una isla misteriosa. Dirigieron sus naves hacia una bahía rodeada por la escarpada muralla de un acantilado, que hacía de ella un puerto natural.

Navegaron hacia el interior del puerto a través de un paso estrecho. Amarraron, una junto a otra, las naves a la orilla. A pesar de que las aguas estaban en calma, Odiseo tuvo un extraño presentimiento. Le ordenó a su tripulación que no atracara la embarcación con las otras, sino que la anclara cerca de la entrada de la bahía.

Una vez que habían desembarcado, Odiseo trepó una roca para echar un vistazo a esa tierra extraña. Vio el humo de un fuego que se elevaba a la distancia. "¿Quién vivirá aquí?", se preguntó. Rápidamente regresó con sus hombres y ordenó a tres de ellos escalar los riscos y explorar el lugar.

—Averigüen quiénes viven aquí —dijo—. Díganles que no queremos hacerles daño.

Los tres exploradores se pusieron en marcha de inmediato. Odiseo y los otros esperaron su regreso en la bahía rocosa.

No había pasado mucho tiempo desde su partida, cuando unos horribles alaridos llenaron el aire. Dos de los expedicionarios se precipitaron montaña abajo. Gritaban de dolor y agitaban sus brazos; parecían haber enloquecido.

—¿Qué sucede? —les gritó Odiseo.

Con voz temblorosa, los hombres narraron su terrible relato.

—Al pie de un manantial encontramos a una joven que nos invitó a ir con ella —dijo uno de ellos—. Cuando entramos en su casa, apareció su madre… una gigante horrible.

—¡Alta como una montaña! —exclamó el otro, agitado—. Ella envió por su esposo: otro gigante, ¡un caníbal!

Los hombres rompieron en llanto. Contaron cómo el caníbal había capturado a su amigo y se lo había devorado frente a sus propios ojos.

Entonces, un grito sacudió el puerto como un trueno. Odiseo lanzó una mirada y vio una legión de gigantes parados en la cima de los riscos. Los caníbales, sedientos de sangre, comenzaron a levantar inmensas rocas y a lanzarlas montaña abajo.

—¡Suban a las naves! —les ordenó Odiseo a sus hombres—. ¡Zarpen de inmediato!

Mientras los otros griegos subían a sus naves, Odiseo y su tripulación corrieron hacia la entrada de la bahía, donde su negra nave estaba amarrada. El resto de la flota estaba condenada a perecer. Los gigantes lanzaron sus rocas sobre las naves fondeadas en el puerto. Las rocas hicieron pedazos las naves y aplastaron a muchos de los marinos hasta matarlos.

Mientras los griegos gritaban agonizantes, los caníbales se dirigieron a toda prisa hacia la bahía y los atravesaron con lanzas, como si estuvieran pescando para la cena.

Lleno de ira y horror ante la escena que veían sus ojos, Odiseo supo que sólo podía salvar a los marineros que estaban a bordo de su barco. Desenvainó su espada y cortó la cuerda del ancla.

—¡Remen! ¡Remen con todas sus fuerzas! —les gritaba a sus marineros—. ¡Remen por sus vidas!

Mientras los alaridos y gritos de sus compañeros invadían el aire, Odiseo y su tripulación remaban frenéticamente, alejándose de la bahía de los gigantes caníbales.

Un regalo de los dioses

Odiseo y su tripulación remaron hasta que finalmente su nave se encontró a salvo en mar abierto.

Mientras Odiseo miraba fijamente las olas del oscuro mar, semejante al vino tinto, los alaridos de los hombres al morir aún resonaban en sus oídos. Entonces se dio cuenta de que la maldición de los cíclopes se estaba haciendo realidad. Recordó las crueles palabras del horrible monstruo: "¡Que Odiseo nunca llegue vivo a su casa! ¡Que pierda su camino, sus naves y a todos sus hombres! ¡Que sólo encuentre penas y dificultades durante su viaje!".

Ahora, Odiseo había perdido casi todas sus naves y sus hombres. Los gigantes caníbales habían destruido once embarcaciones; sólo cuarenta y cinco de sus guerreros habían sobrevivido.

Aturdidos por las pérdidas, Odiseo y su tripulación no musitaban palabra. Navegaban en silencio, agitados por el recuerdo de los gigantes atravesando con lanzas a los heridos indefensos.

Finalmente, la negra nave arribó a una isla cubierta de matorrales y densos bosques. Los griegos desembarcaron y cayeron exhaustos sobre la playa rocosa.

Durante dos días y dos noches, Odiseo y sus marineros yacieron sobre la tierra áspera, lamentando la muerte de sus compañeros.

Al tercer día, cuando la aurora rosada se levantó sobre la isla, Odiseo reunió fuerzas y se puso de pie. No despertó a su tripulación, pues sabía que estaban descorazonados. "Están demasiado afligidos para cazar alimento", pensó. "Pronto estarán demasiado débiles para remar y querrán morir en esta isla".

Desesperado por salvar a sus hombres, Odiseo recogió su espada y su lanza. Luego se puso en camino en busca de algo que cazar.

Subió a una colina escarpada y buscó a su alrededor signos de vida. A la distancia, vio un humo que se elevaba sobre la verde espesura, se enredaba entre los árboles y se dirigía hacia el cielo. "¿Vivirán más gigantes y monstruos en esta orilla? ¿O serán sus habitantes amistosos y cordiales?", se preguntó.

Antes de que pudiera responder estas preguntas, Odiseo lo sabía, tenía que encontrar alimento para sus hombres.

Al parecer, los dioses oyeron sus pensamientos, pues, justo en ese momento, un ciervo de imponente cornamenta apareció entre los árboles.

Odiseo arrojó su lanza, y mato al ciervo al instante. Luego formó una cuerda con ramitas de sauce y amarró las patas del ciervo, lo cargó sobre sus hombros y lo llevó al campamento griego.

Encontró a sus hombres apretados unos contra otros, con sus mantos envolviéndoles las cabezas. Aún sumidos en lamentos, lloraban amargas lágrimas por la caída de sus compañeros. También temían por su propio destino.

—Escuchen, amigos míos —dijo Odiseo—. Ni ustedes ni yo debemos descender aún a la Tierra de los Muertos. Este no es nuestro día para morir, y hasta que ese día llegue, debemos cuidar de nosotros mismos. Levántense y pónganse de buen ánimo. Festejemos por este regalo de los dioses.

Los marineros descubrieron lentamente sus cabezas. Admiraron el enorme ciervo que Odiseo había matado para ellos y comenzaron a prepararse para su festín.

Lavaron entonces sus manos y sus caras en el mar. Después de muchos días de pena y sufrimiento, sus corazones empezaron a reponerse.

El hechizo de la bruja

꠸

Durante toda la tarde, Odiseo y su tripulación festejaron con vino y con la carne del ciervo. Cuando el sol se puso y la oscuridad cubrió la isla, se tendieron sobre la orilla y durmieron sosegadamente.

Al amanecer, Odiseo levantó a sus hombres.

—Amigos, no sé dónde estamos —dijo—. Sólo sé que estamos en una isla. Ayer en la mañana cuando fui de caza, subí a una colina y vi el mar rodeándonos. Y sé que otros seres viven aquí, pues también vi una columna de humo que se elevaba desde el corazón de los bosques.

Antes de que pudiera continuar, sus marineros gritaron. Temían que otras cosas horribles, como el cíclope y los gigantes caníbales, los estuvieran esperando en esa extraña playa.

—¡Dominen sus miedos! —ordenó Odiseo—. No debemos permitir que los recuerdos nos derroten. No tenemos otra opción que explorar esta isla. No sabemos dónde estamos o cómo encontrar nuestro camino a casa. Debemos buscar la ayuda de algún extraño.

Los hombres no hicieron caso a sus palabras. Al contrario, cada vez se angustiaban más. Pero, antes de que se dejaran dominar completamente por sus miedos, a Odiseo se le ocurrió un plan.

—Escuchen —dijo—. Formaremos dos grupos. Yo seré el capitán de uno de ellos y el valiente Euríloco será el capitán del otro.

Odiseo dividió rápidamente a la tripulación. Veintidós quedaron bajo su mando y otros veintidós bajo el de su leal guerrero Euríloco.

—Ahora echaremos suertes para decidir quién explora la isla —dijo.

Odiseo y Euríloco echaron a suerte un casco. El azar eligió a Euríloco, quien no tuvo otra opción que conducir a sus veintidós hombres hacia el corazón de los verdes bosques. Con gran consternación, la mitad de los griegos se alineó detrás de Euríloco. Algunos lloraban mientras marchaban, a través de los árboles difusos, temiendo su muerte inminente. Los que se habían quedado atrás también lloraban. Como ya habían muerto tantos amigos, enseguida imaginaron que muy pronto perderían a otros más.

Hora tras hora, Odiseo esperó el regreso de Euríloco y su grupo. Observaba las sombras de los bosques y trataba de escuchar sus voces. Temía que tal vez hubiese cometido un gran error al forzarlos a emprender tal búsqueda. Pero no se atrevía a compartir sus miedos con aquellos que se habían quedado con él.

Cuando el sol se estaba poniendo sobre la isla, finalmente Odiseo oyó un ruido de pasos. Euríloco apareció de repente entre los árboles. Estaba solo. Sus ojos estaban abiertos de terror. Odiseo y los demás corrieron hacia él para oír la historia, pero Euríloco colapsó y cayó a tierra, temblando y gimiendo, sin poder hablar. Odiseo lo tomó por los hombros y lo acercó a sus pies.

—¿Dónde están los otros? —le gritó—. ¿Por qué los abandonaste?

Euríloco no pudo responder. Odiseo lo sacudió de nuevo:
—¿Acaso están muertos? ¡Dínoslo! —reclamó—. ¿Acaso están muertos?

—No… muertos no —dijo Euríloco—. Peor que muertos —y se deshizo en llantos.

—¡Cuéntanos qué sucedió! —insistió Odiseo.

Con voz temblorosa, Euríloco contó su historia.

—Caminamos a través del bosque hasta llegar a un valle. Vimos un muro de piedra destellante. Atravesamos la puerta hasta un claro y, de repente, ¡nos encontramos cara a cara con lobos enormes y pumas de largas y afiladas garras!

Odiseo quedó pasmado:

—¿Los atacaron esas criaturas salvajes? —preguntó.

Euríloco negó:

—No, no nos atacaron —dijo—. Los lobos gimieron como perros a sus amos. Los leones nos tocaron suavemente con sus patas y maullaron como gatos domésticos. Era muy extraño y antinatural. Debimos haber regresado.

Euríloco se estremeció y cubrió su rostro. Pero Odiseo lo sacudió de nuevo: —Cuéntanos qué pasó luego —le ordenó.

—Estábamos atemorizados al ver que las criaturas nos recibían de un modo tan extraño —dijo Euríloco, retomando su relato—. Pasamos entre ellas rápidamente y entramos al patio interior de un palacio. Una voz sonó desde una ventana… una mujer estaba cantando; tenía la voz más bella que jamás haya escuchado.

—¿Quién era? —preguntó Odiseo.

—No lo sé —dijo Euríloco—. Cuando nos asomamos por la ventana vimos a un ser radiante trabajando en un telar. Parecía una diosa. Tenía largas trenzas que brillaban bajo la luz del sol; su toga estaba hecha de joyas que parecían cambiar de color mientras ella cantaba. Tejía un vestido con los más delicados hilos de seda.

»Yo quería conducirlos a todos lejos de allí, pues pensaba en los terribles peligros que habíamos encarado durante nuestro viaje. Pero solamente yo parecía estar preocupado. Los otros la llamaron y ella vino hasta la puerta y los invitó a seguir. Yo me quedé atrás, escondido, mientras los demás se apresuraron a entrar en la casa. No pude detenerlos: la siguieron hacia el interior y ella cerró la puerta tras ellos.

»Me asomé con disimulo por una ventana y vi que les ofrecía vino y comida. Luego les dio la espalda y mezcló una poción de miel clara y vino, para añadirla a su cena. Les grité para prevenirlos, pues temía que intentara drogarlos. Pero ellos parecían no escucharme, y bebieron la poción gustosamente. Al instante se transformaron. Ya no sabían dónde estaban ni quién los había llevado hasta allí. No podían recordar sus nombres ni los de los demás. Mientras se encontraban en ese estado, ella los tocó con una varita. Y de repente…«

Euríloco se estremecía ante tales recuerdos. Mientras escondía su rostro, Odiseo sintió un escalofrío. ¿Qué les había hecho esa bruja a sus hombres? ¿Algo horrible quizá?

Euríloco le lanzó una mirada a Odiseo. Contuvo la respiración y continuó su espantoso relato.

—Pelos de cerdo empezaron a brotar y a cubrir por completo sus cuerpos—dijo—. Sus cabezas se transformaron en cabezas de cerdo, y comenzaron a bufar y a gruñir como cerdos.

Los griegos que estaban escuchando el relato se deshicieron en gritos y se volvieron hacia atrás, horrorizados.

—La hechicera los llevó luego en manada hasta una porqueriza —continuó Euríloco—. Les lanzó bellotas y nueces en el suelo y ellos las engulleron glotonamente… ¡como puercos de granja!

Por un largo rato, Odiseo se quedó mirando fijamente a Euríloco, en silencio. Finalmente, habló con calma y decisión: —Llévame allí —dijo—. Muéstrame el camino.

Euríloco gritó con angustia. Se lanzó a los pies de Odiseo y le rogó por su vida.

—¡No, no! ¡Nunca más! —gritó—. ¡Permítenos escapar ahora de esta isla maldita; antes de que ella, ese monstruo, nos hechice a todos!

Odiseo pensó que no podía calmar los temores de Euríloco, pero que tampoco podía abandonar a sus compañeros atrapados en la porqueriza de la hermosa bruja.

—Muy bien, quédate aquí y descansa con los demás —dijo—. Yo soy el líder de los griegos en esta isla. Debo salvar a mis hombres. Encontraré el camino solo.

El dios mensajero

ꤲ

Odiseo terció su espada de bronce sobre la espalda. Su tripulación lo observaba con angustia mientras se alejaba del campamento y se internaba en los bosques.

Caminó por la silenciosa espesura verde, bajo luces y sombras; dejó atrás árboles nudosos y densas malezas, hasta que finalmente llegó al valle. En la distancia se elevaban los muros de piedra relumbrante del palacio de la bruja.

Se detuvo. Por un momento quiso dar vuelta atrás. Pero rápidamente reunió sus fuerzas y se dirigió con audacia hacia la puerta.

De repente, un hombre joven se atravesó en su camino.

Odiseo estuvo a punto de echar mano de su espada, pero al instante se dio cuenta de que aquel no era un hombre común; era radiante como la luz. Brillaba tan luminosamente que Odiseo se vio forzado a apartar la mirada.

—Tu coraje es admirable, Odiseo —dijo el extraño—. Pero, ¿sabes quién es tu enemigo? Es Circe, la hechicera hija del Sol y del Mar.

Odiseo suspiró con desesperación. Ciertamente había oído hablar de Circe, la hechicera. Sabía que él, como mortal, no tenía ningún poder para escapar a sus encantos. Una vez entrara en su palacio, quedaría tan embrujado como sus compañeros.

—No te desesperes, Odiseo —dijo el extraño—. He venido a ayudarte a vencer a Circe y a liberar a tus hombres. ¿Acaso no confiarías en Hermes?

Odiseo levantó la mirada. ¿Podría tratarse en verdad de Hermes, el dios mensajero del monte Olimpo, hijo de Zeus y protector de los héroes y viajeros?

—Traigo un hechizo que te protegerá del encantamiento de la bruja —dijo Hermes.

—¿Qué es? —suspiró Odiseo.

—Una hierba especial que a los hombres les resulta imposible desenterrar —dijo Hermes. Sólo los dioses pueden extraerla de la tierra.

El dios metió la mano en una bolsa y sacó una hierba de raíz negra y flor blanca como la leche.

—Los dioses llaman a esta flor 'moly' —dijo—. Cómetela; te protegerá de cualquier cosa que Circe te dé para comer o beber. Cuando te toque con su varita, desenvaina tu espada y hazla jurar solemnemente que no te hará daño.

Hermes le entregó la hierba de raíz negra a Odiseo. Luego, sin más palabras, el dios luminoso se dio vuelta y desapareció en medio de los verdes bosques.

Odiseo miró a Hermes fijamente, lleno de asombro. Hasta ese momento, en el transcurso de su viaje, sólo había irritado a los dioses: a Atenea, la diosa guerrera; a Poseidón, el dios marino; a Eolo, el dios del viento. ¿Sería que por fin los dioses lo estaban viendo con buenos ojos?

Odiseo observó la mágica moly, que ahora yacía en sus manos. Llevó la flor hacia sus labios y se la comió. Luego, con renovada fuerza y coraje, caminó hacia los muros fulgurantes del palacio de la bruja.

El palacio de la bruja

ODISEO ABRIÓ LA PUERTA que conducía al palacio de Circe. Gigantescos lobos y leones merodeaban por el patio. Los animales se acercaron a Odiseo con ansia, olfateando el aire y ronroneando amigables.

Odiseo se quedó mirándolos fijamente, con horror y compasión. Sabía que eran hombres atrapados en los cuerpos de criaturas salvajes.

Avanzó rápidamente a través del patio. Al llegar a la puerta del palacio, llamó a Circe.

De inmediato apareció una mujer radiante. Sus largas trenzas brillaban como el oro; su toga, adornada con piedras preciosas, resplandecía y destellaba. Hablaba con una voz suave y cálida:

—Entra, por favor —le dijo a Odiseo, y mantuvo la puerta abierta.

Sin decir una palabra, Odiseo entró en el palacio iluminado por el sol. Circe lo invitó a sentarse y descansar.

—Déjame ofrecerte una bebida para refrescarte de tu largo viaje —dijo ella.

Por un momento desapareció en su cocina. Luego regresó con una copa y se la ofreció a Odiseo.

—Toma —le dijo—. Bebe esto.

Odiseo puso la copa en sus labios. Mientras sorbía la bebida, Circe lo tocó con su varita.

—¡Estúpido hombre! —dijo—. ¡Vete a la porqueriza con los otros!

Pero la hierba mágica de Hermes protegió a Odiseo del malvado hechizo de Circe. No se transformó en cerdo, como esperaba la bruja. En cambio, sacó su espada de bronce y la sostuvo sobre la garganta de Circe.

Ella gritó alarmada.

—¿Por qué mi magia no surte efecto en ti? ¿Quién eres? ¿Cuál es tu nombre?

—Mi nombre es Odiseo —le contestó.

—¡Odiseo! —dijo ella—. Hermes me dijo una vez que algún día un gran guerrero de nombre Odiseo visitaría mi palacio. Si en verdad eres ese hombre, ¡aparta tu espada! Debemos volvernos amigos y confiar el uno en el otro.

Odiseo la miró ferozmente.

—¿Cómo puedes hablar de confianza cuando tu magia malvada ha transformado a mis hombres en bestias? Debes jurar solemnemente que no harás nada para lastimarme.

Circe inclinó la cabeza. Susurrando, juró que no lastimaría a Odiseo, y luego llamó a sus criadas.

Unas adorables ninfas de los bosques y de los ríos surgieron de las sombras del palacio e hicieron un gran fuego debajo de un enorme caldero lleno de agua.

Odiseo se bañó en las suaves aguas curativas. Luego, se vistió con un manto ligero. Las ninfas lo condujeron a un gran salón donde habían preparado un festín para él. Circe invitó a Odiseo a sentarse a su mesa. Llenó de vino sus copas doradas.

Pero Odiseo no quería comer ni beber. Permaneció sentado en silencio, observando fijamente a Circe.

—Odiseo, ¿por qué no quieres comer mi pan ni beber mi vino? —preguntó—. Ahora no debes temerme, pues te he dado mi palabra solemne de que jamás te haré daño.

Odiseo fijó sus ojos en ella.

—¿Qué clase de capitán disfrutaría de la carne o el vino cuando sus hombres no están libres? —preguntó—. Si deseas que esté feliz en tu mesa, debes deshacer el hechizo con el que has transformado a mis hombres.

Circe se quedó con la mirada fija por un momento. Luego suspiró profundamente y se levantó de la mesa. Con su varita en la mano, se dirigió fuera del palacio hacia el patio exterior.

Odiseo la siguió y la observó abrir la puerta de la porqueriza. Veintidós gordos cerdos avanzaron, pesadamente, bufando y gruñendo.

La hechicera frotó una poción sobre la cabeza de cada uno de ellos. De inmediato, los pelos de cerdo desaparecieron y los animales, milagrosamente, volvieron a ser hombres; se veían más jóvenes, altos y apuestos que antes. Todos abrazaron a Odiseo y lloraron de alegría. Incluso Circe estaba conmovida por las lágrimas de sus cautivos.

—Odiseo —dijo ella—, regresa por el resto de tu tripulación y tráela a mi palacio. Te prometo que a ellos también los trataré bien.

Odiseo salió del palacio. Corrió rápidamente a través de los verdes bosques, hasta que llegó a la orilla donde sus hombres estaban esperando por él.

Cuando vieron vivo a su líder gritaron con gran alivio y se lanzaron a abrazarlo.

—Con la ayuda de un encantamiento de Hermes —dijo Odiseo—, el embrujo de Circe, la hechicera, se ha roto. Sus compañeros se han trasformado de nuevo en hombres. Ahora, vengan conmigo al palacio y podrán unirse a ellos.

Muchos de los marineros se retrajeron atemorizados.

—Les aseguro —dijo Odiseo amablemente— que Circe juró acogernos en su palacio.

Finalmente convinieron en acompañar a Odiseo. Llevaron la nave hacia la orilla y escondieron todas sus pertenencias en una cueva. Luego siguieron a Odiseo de vuelta, a través de los bosques tenebrosos, hasta llegar al deslumbrante palacio de Circe.

Al llegar, Circe les dio la bienvenida a su palacio. Ordenó a sus criadas que prepararan baños para los hombres y que los ungieran con aceite de oliva. Las ninfas dieron a los cansados griegos mantos de lana y túnicas, y luego los condujeron a un festín en el gran salón.

Durante el banquete, Circe le insistió a Odiseo para que permaneciera con ella en su palacio.

—No eres el mismo hombre que abandonó Ítaca hace algunos años —dijo ella—. Tus batallas y penas te han dejado débil y agotado. Tu propia familia no te reconocería.

De hecho, Odiseo sentía un gran agotamiento cuando pensaba en la guerra de Troya y en la pesadilla en que se había convertido el viaje de regreso a casa: los monstruos y gigantes, las crueles muertes de sus hombres.

—Quédate conmigo hasta que hayas olvidado tu pesadumbre y tus tristes recuerdos —dijo Circe—. Cuando estés fuerte otra vez, de cuerpo y de mente, te ayudaré a encontrar tu camino a casa.

Sintiendo el peso de sus pérdidas, Odiseo cedió a los deseos de la encantadora bruja. Le prometió a Circe que permanecería junto a ella hasta que él y sus hombres estuvieran fuertes de nuevo.

El otro viaje

EN LOS DÍAS QUE SIGUIERON, Odiseo y su tripulación disfrutaron del calor y del lujo del palacio de Circe. Descansaron y comieron carne y bebieron vino dulce. Mientras se recuperaban en la isla encantada, el tiempo pasó rápidamente. Los días se volvieron semanas y las semanas, meses. Después de un año entero, los hombres de Odiseo vinieron a él.

—¿No deberíamos abandonar el palacio pronto? —preguntó uno de ellos.

—¿Te has olvidado de Ítaca? —dijo otro—. ¿Acaso no volveremos a ver nuestro hogar?

El corazón de Odiseo se conmovía con las palabras de sus marineros. Pensó en su hogar, en Penélope y Telémaco, y en sus padres. Un gran anhelo de verlos surgió de nuevo en él. Se dirigió deprisa a las habitaciones de Circe.

—Mis hombres y yo hemos recobrado nuestras fuerzas gracias a tu amabilidad —dijo—, pero, ¿recuerdas la promesa que me hiciste? Dijiste que nos ayudarías a regresar a Ítaca a salvo, una vez que nos hubiéramos recuperado y descansado.

—Y lo haré —dijo Circe—. Pero antes debes hacer otro viaje. Debes buscar a Tiresias, el profeta ciego de Tebas, y pedirle consejo. Tiresias ve el futuro. Sólo él puede decirte cómo regresar a casa.

—Pero Tiresias de Tebas está muerto —dijo Odiseo, perplejo.

Circe lo observó con una mirada calmada y seria.

—Sí, Tiresias está muerto —dijo ella—, pero aún tiene la sabiduría que tenía en la Tierra.

—No entiendo —dijo Odiseo—. ¿Cómo puede un hombre que habita en la Tierra de los Muertos darle consejo a un hombre vivo?

—Debes viajar a la Tierra de los Muertos —dijo Circe—. Allí encontrarás al fantasma de Tiresias.

Odiseo se quedó sin palabras. Le parecía que visitar en vida el oscuro mundo regido por el dios Hades y su reina Perséfone tenía que ser algo espantoso para un hombre.

—Pero ningún hombre ha encontrado la Tierra de los Muertos —dijo Odiseo en voz baja—. Sólo los espíritus saben cómo viajar allí. ¿Qué barco me llevaría? ¿Qué viento me impulsaría?

—No puedes hacer todo el recorrido en tu barco —dijo Circe—. El Viento del Norte te llevará al extremo del mar, hacia el Océano, el río que circunda el mundo. Al navegar a través del Océano, llegarás a la Tierra de los Muertos.

—¿Y qué debo hacer entonces? —preguntó Odiseo.

—Debes desembarcar y atravesar a pie una arboleda de sauces y álamos —dijo Circe—. Cuando llegues a un sitio en el que dos ríos se encuentran, el Río de los Gemidos y el Río de la Llama, cava una zanja. Derrama miel, leche, vino y harina de cebada blanca en ella, como ofrenda a los espíritus de los muertos. Luego, sacrifica dos ovejas y vierte su sangre en la zanja. Después de que hayas hecho esto, debes estar en guardia, hasta que el fantasma de Tiresias aparezca. Una vez le hayas permitido beber de la ofrenda, él te dirá cómo encontrar tu camino de regreso a Ítaca.

Odiseo inclinó la cabeza. Sabía que no podía evitar ese terrible viaje si quería ver de nuevo su casa y su familia. Trató de armarse de valor, como solía pedirle a su tripulación que lo hiciera. Miró a Circe y asintió con la cabeza.

Entonces, sin más palabras, se puso de prisa un manto fino y recorrió a grandes pasos el palacio despertando a cada uno de sus hombres.

—Levántense ahora —dijo Odiseo—. Debemos irnos.

Los marineros se sintieron aliviados, pues imaginaron que estaban a punto de hacerse a la mar con rumbo a casa.

Pero una vez que se habían reunido fuera del palacio, Odiseo les reveló su verdadero destino.

—Pronto zarparemos hacia Ítaca —dijo—. Pero primero debemos hacer otro recorrido. Debemos viajar a la Tierra de los Muertos. Allí debo hablar con el fantasma del sabio profeta Tiresias.

Los hombres gritaron protestando, pero Odiseo les anunció que no tenían otra alternativa.

—Sólo Tiresias puede decirnos cómo encontrar nuestro camino de regreso a casa —dijo—. Por favor, vengan conmigo. Acompáñenme en mi travesía hacia la Tierra de los Muertos.

Los marineros inclinaron la cabeza con angustia y siguieron a su líder por el camino que descendía hasta donde estaba el barco. Abordaron, alzaron velas y zarparon.

Mientras la negra nave avanzaba sobre las olas, Odiseo sintió un soplo de aire dulce. Percibió que Circe estaba cerca.

La hechicera les envió brisas frescas durante todo el día, hinchó las velas de la negra nave y la envió volando sobre las olas.

La Tierra de los Muertos

CUANDO EL SOL SE PUSO y la noche cayó, Odiseo y sus hombres arribaron finalmente al extremo del mar. Navegaron a través de una bruma gris hacia las aguas profundas del Océano, el río que fluye alrededor del mundo. Luego navegaron por el Océano hasta llegar a la Tierra de los Muertos.

Atracaron en una orilla oscura cubierta de niebla. Temblaban de terror mientras observaban fijamente a través de la bruma, temerosos de aventurarse en ese mundo fantasmal. Incluso Odiseo temblaba de sólo pensar en lo que yacía delante de ellos. Pero avanzó resuelto y con audacia a tierra firme, y les ordenó a sus hombres que lo siguieran con dos ovejas de la isla de Circe.

Atravesaron una arboleda de álamos y sauces. Los árboles pertenecían a Perséfone, la reina de los muertos. Al llegar al lugar en el que los dos ríos se encuentran, el de la Llama y el de los Gemidos, se detuvieron.

Allí, en un lugar jamás tocado por los rayos del sol, Odiseo cavó una zanja profunda en la que derramó la mezcla de miel, leche, vino y harina de cebada blanca. Ofreció plegarias a los espíritus de los muertos, y luego ordenó que sus hombres mataran a las dos ovejas en sacrificio a los dioses.

Tan pronto como Odiseo derramó en la zanja la sangre de los animales sacrificados, varios seres fantasmales aparecieron en la niebla: espíritus de hombres y mujeres ancianos, espíritus de guerreros que aún llevaban su armadura, espíritus de jóvenes doncellas que habían guardado luto por sus hombres y que habían muerto de pena.

Miles de seres fantasmales empezaron a acercarse lentamente. Atraídos por el aroma de la sangre, se lamentaban con extraños sonidos.

Los hombres de Odiseo empezaron a inquietarse y a temblar. Incluso Odiseo se puso pálido de miedo, pero desenvainó su espada para mantener lejos a los espíritus hasta que el fantasma de Tiresias, el profeta ciego, apareciera.

Mientras Odiseo vigilaba la ofrenda con celo, su mirada se detuvo en cierto espíritu que flotaba en medio de la niebla. Con conmoción y horror, reconoció a alguien a quien quería tiernamente.

El fantasma de su madre se acercaba a él.

Como una sombra o un sueño

ODISEO LLORÓ. No había visto a su madre hacía más de diez años, desde que había dejado Ítaca. Ahora sabía que uno de sus mayores temores se habían hecho realidad: mientras él estaba lejos su querida madre había muerto.

Pronunció su nombre. Pero el espíritu de su madre no le respondió, ni siquiera parecía reconocerlo. Lo único que el espíritu parecía ansiar era un poco de la sangre de oveja vertida en la zanja.

A pesar de su enorme tristeza, Odiseo sostenía su espada en alto, pues ni siquiera al fantasma de su madre le habría permitido aproximarse. Continuaba vigilando la zanja, esperando impaciente a que el espíritu de Tiresias apareciera.

Finalmente, una figura frágil surgió de la niebla. El fantasma del anciano, que llevaba un cetro dorado en su mano, se acerco sinuoso a través del aire gris hacia la sangre de los animales.

Odiseo envainó su espada y se hizo a un lado para permitirle al espíritu de Tiresias beber de la zanja.

Una vez el fantasma quedó satisfecho, empezó a hablar. Con voz clara y cálida dijo:

—Odiseo, has venido a preguntarme acerca de tu viaje a casa. Los dioses están haciendo muy difícil tu recorrido. Y no te permitirán escapar a la furia de Poseidón, pues has dejado ciego a su hijo, el cíclope.

Odiseo sintió una profunda desesperación. La maldición del cíclope parecía demasiado fuerte para que él o sus hombres pudieran soportarla.

—No pierdas la esperanza —dijo el fantasma—. Aún puedes regresar a Ítaca, pero debes hacer caso de mi advertencia. En tu camino a casa pasarás por la isla del dios Sol. En ella hay hermosas ovejas y ganado. No permitas que tus hombres toquen siquiera a una de esas criaturas, pues son la adoración del dios Sol. Cualquiera que trate de matarlas encontrará su perdición.

Odiseo asintió con la cabeza.

—Diles a tus marineros que dejen intactos esos rebaños y que solamente piensen en su regreso a casa —continuó el fantasma—. Si no te obedecen, morirán, y tu barco será destruido. Entonces, es posible que logres escapar solo, pero al final también te destruirán. Encontrarás grandes dificultades en tu hogar.

Odiseo estaba agradecido por las advertencias del sabio, y estaba resuelto a impedir que sus hombres tocaran el ganado y las ovejas del dios Sol.

—Dentro de muchos años, la muerte te llegará desde el mar —dijo, por último, el fantasma del adivino—. La vida te abandonará cuando seas viejo y tengas paz en tu mente.

Odiseo asintió con la cabeza.

—Si esa es la voluntad de los dioses, que así sea —dijo.

Cuando Tiresias comenzaba a alejarse, Odiseo lo llamó.

—Espera, por favor, antes de que te vayas…

El fantasma se dio la vuelta.

—¿Podrías decirme por qué el espíritu de mi madre no me habla cuando la llamo por su nombre? —preguntó Odiseo.

El espíritu de tu madre sólo podrá hablar si le permites tomar de la sangre vertida en la zanja —respondió el fantasma de Tiresias—. Mientras eso no suceda, ella no tendrá vida suficiente para hablar.

El espíritu del sabio profeta se alejó y Odiseo se quedó mirándolo regresar a la niebla.

Odiseo invitó entonces al espectro de su madre a que se acercara y probara la ofrenda.

Una vez que había bebido la sangre de oveja, su espíritu pareció recuperar fuerzas. Cuando vio de nuevo a su hijo, dejó escapar un grito de sorpresa.

—¡Hijo querido! —dijo ella—. ¡No eres un espíritu! ¿Por qué estás aquí?

Odiseo le explicó con dulzura las razones de su viaje a la Tierra de los Muertos. Luego le hizo muchas preguntas. ¿Cómo estaban Penélope y Telémaco? ¿Por qué le había advertido Tiresias acerca de su seguridad? ¿Quién amenazaba con hacerles daño? ¿Acaso Penélope había enterrado su recuerdo y desposado a otro? ¿Cómo estaba su padre? ¿Aún seguía con vida?

El fantasma observó a su hijo con tristeza.

—Tu familia está destrozada por la pena —dijo ella—. Tu esposa aún te espera, pero pasa sus días y sus noches llorando por tu regreso. Tu hijo es fuerte y valiente. A pesar de que es muy joven, cuida de tu casa, de tus tierras y de tu ganado. Él también lamenta tu ausencia, al igual que tu padre. Tu padre vive en el campo y nunca se acerca a la ciudad. En invierno, sólo viste harapos y duerme en el suelo. En verano, duerme en los viñedos. Llora por ti todo el tiempo.

Odiseo quedó apesadumbrado al oír las tristes noticias de su familia.

—Y tú, madre —preguntó—, ¿qué te sucedió a ti?

—Tu ausencia pesaba mucho sobre mi corazón —dijo—. A medida que se hacía más grande la certeza de que no regresarías, me fui sintiendo demasiado triste como para seguir viviendo.

Odiseo trató de abrazar al fantasma de su madre. Lo intentó tres veces. Pero ella siempre se escabullía, como si estuviera hecha de aire.

—¡Madre! —gritó—. ¿Por qué no estás ahí cuando trato de abrazarte?

—Hijo mío, soy sólo un espíritu —dijo ella suavemente—. Abandona ahora mismo la Tierra de los Muertos. Encuentra la luz del día mientras estés vivo.

Entonces, para tristeza de Odiseo, el espíritu de su madre se desvaneció ante sus ojos como una sombra o un sueño.

Los fantasmas guerreros

CUANDO EL FANTASMA DE LA madre de Odiseo había desaparecido, otros espíritus se acercaron a beber de la sangre.

Él desenvainó su espada y les ordenó que se aproximaran uno por uno.

Primero, llegaron las viudas y las madres de los héroes griegos muertos. Luego, los fantasmas de los propios reyes y guerreros. Entre ellos, estaba el fantasma de Agamenón, máximo rey de las fuerzas griegas durante la guerra de Troya.

—¡Mi señor, nuestro rey! —gritó Odiseo—. ¡Estás aquí!

Tan pronto como Agamenón bebió la sangre de las ovejas, reconoció a Odiseo y trató de levantar sus brazos para abrazarlo, pero le quedaba poca fuerza en su ser fantasmal.

Odiseo lloró lágrimas piadosas. Hasta ese momento no se había enterado de que Agamenón hubiera muerto. Entonces se sentaron y conversaron, el hombre vivo de un lado de la zanja y el fantasma del rey poderoso del otro.

—¿Qué destino te ha traído aquí? —preguntó Odiseo—. ¿Te ahogaste en el mar durante una terrible tormenta? ¿Acaso el enemigo te derribó en alguna gran batalla?

Agamenón le contó a Odiseo que su propia reina lo había asesinado.

—Pero tú no tendrás el mismo fin, Odiseo —le aseguró el fantasma de Agamenón—. Tu esposa Penélope te es fiel. Ella es la más admirable de las mujeres. Cuando tú la dejaste era apenas una joven con un niño pequeño. Cuando regreses, ella y tu hijo te estarán esperando para abrazarte y para trabajar contigo en tu granja.

Mientras Odiseo y el espíritu de Agamenón permanecían reunidos conversando y llorando, los fantasmas de otros guerreros que habían luchado valientemente en la guerra de Troya llegaron y se sentaron a su lado. Entre ellos estaba el gran Aquiles, el más valiente de todos los griegos.

—Odiseo, qué arriesgado eres —dijo Aquiles—. ¿Por qué has viajado hasta aquí a encontrarte con los fantasmas de los muertos?

Odiseo les contó a Aquiles y a los otros acerca de su viaje y de cómo había venido a reunirse con el fantasma de Tiresias, el adivino ciego, y elogió a Aquiles llamándolo 'Príncipe entre los muertos'.

—Ah, tal vez —dijo Aquiles—, pero preferiría ser un pobre sirviente que el rey de los reyes en la Tierra de los Muertos.

Los fantasmas de los otros guerreros contaron uno a uno sus tristes relatos. A cada fantasma Odiseo le dio noticias acerca de los vivos.

Luego, Odiseo vio a Tántalo, el rey que había enojado a los dioses con su gran orgullo. Los dioses lo habían castigado con el hambre y la sed eternos. Tántalo era obligado a estar de pie con el agua hasta el mentón, bajo árboles frutales que se inclinaban sobre su cabeza y estaban cargados en sus ramas de peras, manzanas e higos. Cada vez que Tántalo bajaba la cabeza para beber, el agua se secaba completamente. Cuando intentaba agarrar un fruto, una ráfaga de viento llevaba las ramas hacia arriba.

Odiseo vio entonces a Sísifo, un rey cruel, condenado por los dioses a empujar una inmensa roca hasta la cima de una colina. Cada vez que Sísifo alcanzaba la cima de la colina, la piedra rodaba cuesta abajo y él tenía que empezar a empujarla de nuevo cuesta arriba, una y otra vez. Odiseo reconoció luego al poderoso Heracles. El gran guerrero miraba fijamente a la distancia sosteniendo su arco con las manos y con la flecha sobre la cuerda. Por toda la eternidad estaría apuntando en la misma posición.

Mientras Odiseo miraba a través de la niebla, intentando divisar a otros héroes, observó miles de fantasmas que se movían lentamente hacía él. Primero, sus voces se oían con suavidad. Luego, se hicieron más y más fuertes. Los espíritus se amontonaron alrededor de Odiseo, clamando por su ayuda.

Odiseo sintió una oleada de pánico. Aterrorizado, dio la espalda y huyó de los espíritus de la muerte. Sus hombres lo siguieron de vuelta a la arboleda de Perséfone, hasta que llegaron a su barco.

Odiseo dirigió el embarque y ordenó a la tripulación zarpar de inmediato.

Los griegos navegaron rápidamente a través del río Océano y continuaron remando hasta que sintieron una brisa que les permitió hinchar las velas.

Cuando la luz rosa del amanecer brilló sobre el mar oscuro como vino tinto, Odiseo contuvo la respiración. Su mente rememoraba lo que habían vivido durante sus últimos años: la pesadilla de los gigantes caníbales, la larga estadía en el palacio de Circe y su visita al mundo fantasmal de Hades y Perséfone.

Odiseo se sintió afligido por la muerte de su madre y se sintió más ansioso que nunca por ver a su padre, antes de que el viejo también muriera. Pero más que cualquier cosa, anhelaba reunirse con su amada esposa y su hijo antes de que algo malo pudiera pasarles.

El corazón de Odiseo sentía un dolor más fuerte del que podía soportar. Con todo, sentía regocijo de estar en el mundo de los vivos y no atrapado para siempre en la oscura Tierra de los Muertos.

Acerca de Homero y la *Odisea*

HACE MUCHO TIEMPO, los griegos antiguos creyeron que el mundo estaba regido por dioses y diosas poderosos. Los denominados 'mitos griegos' son el conjunto de narraciones sobre estos dioses. Al principio se creía que los mitos griegos eran una explicación de fenómenos de la naturaleza como el clima, los volcanes y las constelaciones. También solían recitarlos en público como una forma de entretenimiento social.

El primer registro escrito de la mitología griega es obra de un poeta ciego llamado Homero, quien vivió hace casi tres mil años. Muchos creen que Homero fue el autor de los dos poemas épicos más famosos del mundo: la *Iliada* y la *Odisea*. La *Iliada* es la historia de la guerra de Troya. La *Odisea* narra el largo viaje de Odiseo, rey de una isla llamada Ítaca, de vuelta a casa, al finalizar la guerra de Troya.

En sus narraciones, Homero parece haber combinado su propia imaginación con los mitos griegos transmitidos oralmente. Algunos eventos de la historia de su tiempo también parecen haber formado parte de sus relatos, pues los restos arqueológicos sugieren que, en efecto, hubo una guerra quinientos años antes de su nacimiento, en la cual basó el poeta su narración.

A través de los siglos, la *Odisea* ha tenido una gran influencia sobre la literatura del mundo occidental.

Dioses y diosas de la Antigua Grecia

Zeus, el dios del trueno fue el más poderoso de todos los dioses y diosas griegos. Gobernaba los cielos y el mundo de los mortales desde la cima de una montaña brumosa llamada el monte Olimpo. Todos los principales dioses y diosas griegos eran parientes de Zeus. Su hermano Poseidón era el regente de los mares, y su hermano Hades, el regente del inframundo. Entre sus muchos hijos estaban los dioses Apolo, Marte y Hermes, y las diosas Afrodita, Atenea y Ártemis.

Los dioses y diosas del monte Olimpo no sólo habitaban la cima de la montaña sino que también descendían a la tierra, involucrándose en las actividades diarias de mortales como Odiseo.

Nota sobre las fuentes

La narración de la *Odisea* fue escrita originalmente en griego antiguo. Desde entonces, se han hecho incontables traducciones de esta obra de Homero a otros idiomas. Consulté diversas traducciones al inglés, incluyendo las de Alexander Pope, Samuel Butler, Andrew Laing, W.H.D. Rouse, Robert Fitzgerald y Robert Fagles.

La *Odisea* está dividida en 24 libros. Este segundo volumen de *Cuentos de la Odisea* presenta las narraciones contenidas en los libros diez y once de la *Odisea* de Homero.

Sol y luna ●

Contenido

La forma del Hades   53

Héroes de papel y héroes de carne y hueso   76

La historia del mundo a vuelo de pájaro   97

La forma del Hades

Y TÚ, ¿CÓMO INVOCARÍAS A LOS MUERTOS?

Odiseo tiene un método infalible para ello. Hace falta navegar hasta el extremo del mar y seguir las instrucciones de Circe, la de hermosos cabellos, quien recomienda llevar consigo abundantes víctimas sacrificiales (reses o un carnero), así como vino dulce, leche, miel y cebada. Tras llamar en voz alta a los difuntos y verter los alimentos, se procede a sacar la espada que oportunamente se lleva junto al muslo para degollar con rapidez a los animalitos, quienes para entonces de seguro parpadearán sorprendidos y medio empapados, saborearán la leche en las comisuras del hocico y al fin morirán; morirán no sin dar mugidos y balidos cada vez más graves y francamente aterradores.

Se constatará entonces la llegada de algunas ánimas vagabundas, atraídas por el calor de la sangre recién derramada, como por ejemplo la de algún amigo que haya muerto hace poco, las de ancianos que hayan sufrido mucho, las de guerreros con la armadura todavía ensangrentada por la batalla, las de algunas doncellas... en fin

(no es una imagen bonita, ¿pero quién dijo que la literatura sólo estaba hecha de cosas bonitas?, la literatura suele tener imágenes lindas, agradables, pero también contiene imágenes conmovedoras, e incluso feas). Pero mucha atención: este método de invocación no sirve si se les permite a las ánimas beber sin más de la sangre de las víctimas; antes tenemos que pedirles algo a cambio, y notemos que aquí no deja de haber un poquito de chantaje, pues los muertos suelen estar muy sedientos.

¿Y dónde invocarías a los muertos? ¿En la azotea de un edificio? ¿En el parque, de noche? ¿Con ayuda de tus amigos? ¿A solas? ¿Sentirías miedo? ¿Crees que los muertos acudirían a tu llamado? Y si te invitaran a que fueras a su mundo, al inframundo, ¿irías? ¿Tendrías la precaución de poner en las manos huesudas de Caronte el óbolo que exige para llevarte en su barca hasta el otro lado del río Aqueronte? ¿O quizá en estos tiempos ya esté pidiendo unos cuantos miles de pesos? ¿Quizá dólares?

Propongamos estas y otras preguntas para evaluar qué tan cerca y qué tan lejos estamos del mundo de los antiguos griegos. ¿Ellos y nosotros hablamos de las mismas cosas, pero con distintas palabras? ¿O hablamos de cuestiones totalmente distintas? Nos separan más de dos mil años; para tratar de hacernos una idea de cuánto tiempo se trata, y de cuántos cambios pueden ocurrir en ese lapso, pensemos en el recuerdo más antiguo que tengamos. ¿Cómo está vestida la gente en ese recuerdo? ¿Qué palabras usan? Quizá notaremos que en el lapso de unos pocos años la moda ya ha cambiado, quizá los cuellos de las camisas ya no son tan anchos o los pantalones son más sueltos. También notaremos que hay palabras que han caído en desuso, apodos que ya no empleamos, maneras de saludar distintas.

Pensemos también en el lugar en donde vivimos. Quizá ya no esté ahí la tienda que antes conocimos, o hayan construido un edificio en el lote baldío en el que elevamos cometa cuando éramos pequeños. Si todos esos cambios han ocurrido en tan poco tiempo, ¿cuántos cambios no habrá en dos mil años? ¿Cómo hablará la gente en el año 4000? ¿Cómo se vestirá? ¿En qué lugares vivirá? ¿Será que nosotros, los seres humanos del siglo XXI, les pareceremos extrañísimos? Hacernos estas preguntas nos permite apreciar cuántos cambios ha habido desde los antiguos griegos hasta nosotros: los griegos se vestían de manera diferente, hablaban de manera diferente, y vivían en sitios que no se parecen a los que nosotros conocemos.

Uno de los prodigios de una obra como la *Odisea* es que nos permite conocer una manera de ver el mundo de hombres que vivieron hace más de 2800 años. Las aventuras e infortunios de Odiseo son como cápsulas de tiempo; como si el día de hoy escribiéramos nuestra historia favorita y alguien la leyera en el año 4800. Así que no es de sorprendernos que los griegos sean tan diferentes de nosotros (aunque en el fondo sean tan parecidos). Nosotros no nos vestimos con túnicas, ni solemos caminar descalzos como ellos. Nos parece extraño que usen tanto los epítetos, como 'Héctor, domador de caballos', 'Agamenón, pastor de hombres' o 'Circe, la de hermosos cabellos'; no sólo hablan griego antiguo, un idioma distinto del español, sino que además dicen cosas en ese idioma que no solemos decir en el nuestro. ¿Cómo nos miraría un policía si le dijéramos: "Te saludo, guardián de la ley"?

También los lugares de los que hablan los griegos son distintos. Por ejemplo, ¿qué esquina del océano es aquella en la que se puede invocar a los muertos, si gracias a los satélites podemos ver en Internet fotos de cualquier lugar del mundo y no aparece la supuesta esquina por ninguna parte? ¿Tiene algún sentido pensar que el inframundo es un *lugar*? ¿Y no están un poco locos los griegos con este cuento de andar sacrificando ovejitas a cada rato?

Volvamos entonces al sacrificio que ofrece Odiseo y a la visita que le hacen los muertos sedientos de sangre. Repitamos una de las preguntas que nos orientan a lo largo de esta búsqueda de una mejor comprensión del mundo griego: ¿hablamos de lo mismo con palabras distintas o hablamos de cosas totalmente diferentes? Usemos entonces palabras de hoy en día para hablar sobre lo que está haciendo Odiseo.

Primero que todo, está haciendo una sesión de *espiritismo*. Teniendo en cuenta lo que sabemos por las películas, nos imaginamos que una sesión de espiritismo requiere de una tabla *ouija*, una mesa redonda con un mantel que cae hasta el suelo y señoras mayores que entran en trance. Vemos que en la *Odisea* ello no es así. En segundo lugar, Odiseo lleva a cabo un *ritual* de índole *religiosa*, consecuente con sus *creencias*. Pensemos por un momento en nuestros propios rituales y creencias religiosas. ¿Le parecerán tan extrañas a un ser humano del año 4800? Quizás; no tenemos cómo saberlo. Lo que sí podemos hacer es aprovechar esta comparación para entender mejor a Odiseo. ¿Quiénes ofician rituales de índole religiosa en la actualidad? ¿Hay algún ritual en específico que se parezca al de Odiseo?

Veamos, por ejemplo, la costumbre que tienen varias religiones de orar antes de consumir alimento; en este acto se unen lo sagrado, el alimento y la muerte, ya que, a menos que seamos vegetarianos, los humanos nos alimentamos de partes de animales muertos, y nos parece lo más normal del mundo. Como ya hemos dicho, la literatura nos sirve para ver a través de los ojos de un extraño; así podemos ver que un hombre griego, de hace tanto tiempo, no deja de ser un ser humano como nosotros. Pero también la literatura nos sirve para tomar distancia y vernos a nosotros mismos un poco como extraños.

Una sesión de espiritismo como la de Odiseo no era cosa de todos los días en el mundo griego. Era un evento *extraordinario* y *ficticio*, pero *verosímil*; tres características que suelen tener los acontecimientos relatados por la imaginación de los pueblos. De este modo, en nuestra literatura popular hay un personaje como Superman, que vuela por encima de los edificios. Cuando un joven del año 4800 se encuentre una tira cómica de Superman, haría mal en pensar que Superman existió, o que los humanos del siglo XXI volábamos. Como Superman, Odiseo es un héroe de la ficción (aunque su figura está basada en los guerreros de la guerra de Troya, que sí sucedió). Es verosímil que Superman vuele, pero no es verdad que haya seres con rasgos humanos que vuelen. Nuestra imaginación nos permite creer en la ficción de Superman porque existen los aviones, y porque de algún modo cuando estamos en un avión en efecto volamos.

Así mismo, para la imaginación de un griego era verosímil que se hiciera un sacrificio como ese para invocar a los muertos (aunque supiera que no es algo de todos los días); conocía marineros como Odiseo, algunos de los cuales seguramente se perderían tratando de navegar de regreso a casa; y, además, este griego corriente había visto sacrificios de animales y creía que al morir las personas se convertían en fantasmas.

Observemos también que el mundo griego contemporáneo a la *Odisea* era un mundo no sólo de navegantes sino también de campesinos. Las ovejas, carneros, corderos, cabras, vacas, el ganado doméstico en general, eran la base de la economía del mundo griego. Al ofrecer una cabra o una oveja se está haciendo un sacrificio no sólo del animal en sí sino de su inmenso valor. Es como si hoy en día ofreciéramos uno de nuestros bienes más preciados. Recordemos que Odiseo sobrevivió en la cueva de Polifemo precisamente gracias a las ovejas. ¿Por qué sacrificar algo tan preciado? Porque así se lo exigen sus *creencias*.

¿En qué consisten esas creencias? Una de ellas, quizá la que más nos sorprende, es la de que se puede ir al mundo de los muertos; la creencia en que hay un lugar *físico* después del cual termina el mundo de los vivos y empieza el Hades.

¿Pero entonces es el Hades lo mismo que el *Infierno* cristiano? Sí y no. Los cristianos no creen que haya un Infierno

en la tierra. En cambio, los griegos sí consideran que hay un lugar semejante al que en teoría se puede llegar, tras un largo viaje. Esto no quiere decir que cualquier navegante perdido se encontrara de repente entre los muertos; el Hades está, como el Infierno para los cristianos, fuera de los límites del mundo conocido. Hoy en día podemos ver imágenes por satélite de todo el planeta y constatar que, en efecto, no hay un lugar en donde a simple vista deambulen almas desasosegadas. Pero en la época de estos griegos, por supuesto, no sólo no existían esas tecnologías, sino que además los griegos no conocían toda la Tierra, pues nunca se establecieron muy lejos de las costas del Mediterráneo. Había vastísimas extensiones de tierra y de mares de las que poco o nada sabían; pensaron sin duda que el Hades, de estar en alguna parte, estaría allá lejos, como también llegaron a pensar que las cavernas, en las que se perdían quienes las exploraban, podían ser puertas de entrada al inframundo.

En otro lugar de esta geografía imaginaria estarían las míticas Amazonas, guerreras feroces, cuya leyenda al mismo tiempo aterraba y atraía a los antiguos griegos. Así mismo, habría un lugar para otras criaturas de leyenda como las sirenas y los cíclopes. Imaginémonos un mundo en donde todavía hay *islas desiertas* de las que no sabemos nada, que no aparecen en los mapas, en donde parece que *todo puede ocurrir*. Eso lo llevaban los griegos en el corazón; llevaban consigo la apertura a lo desconocido y a lo sagrado.

Decíamos que el Hades hasta cierto punto se parece al Infierno. Hay algo muy profundo que los griegos y nosotros compartimos: el miedo a la muerte. Tarde o temprano todos vamos a morir; es el destino de todos los seres humanos. Hoy en día, debido entre otras razones a la medicina y a una mejor alimentación, muchas situaciones que antes eran mortales ya no lo son. Antes de los antibióticos, una infección podía fácilmente llevar a la muerte. ¿Cuánto no le temería una persona de la antigüedad a recibir una herida? La muerte podía estar a la vuelta de la esquina. ¿Qué pasa después de la muerte? ¿Pasa alguna cosa? Hoy la ciencia nos permite saber que toda actividad cerebral cesa cuando deja de haber oxígeno... ¿y la persona...?, ¿qué pasa con la persona? ¿Qué pasa con nuestros seres queridos? ¿Qué pasará con nosotros?

El Hades es la respuesta que ofrecieron los griegos a estas preguntas. A riesgo de simplificar demasiado la cuestión, pero con el objetivo de acercarnos más a los valores de los griegos, pensemos que el Infierno es otra respuesta a las mismas preguntas. Ante el temor a la muerte, ¿nos sigue pareciendo tan loco que un hombre quiera conjurar su propio miedo a la muerte recurriendo al sacrificio, que es una forma de muerte que él controla? ¿Es similar a lo que hacen los toreros hoy? ¿No empieza a tener un poco de sentido que la sangre derramada de los animales nos ponga en contacto con los labios de los muertos? Los griegos vivían en un mundo en el que "las carnicerías no estaban separadas de los centros comerciales", es decir, un mundo en el que todos conocían de sobra lo que hacía falta para que un plato de alimento llegara a la mesa: cualquier niño griego podía ver el sacrificio de un animal; no le resultaba tan extraño como lo es para muchos de nosotros, que estamos acostumbrados a que el alimento esté empacado y en un refrigerador. Homero nos lo cuenta todo sin pestañear, pues conoce el idioma del sacrificio.

Si queremos acercarnos al mundo griego, quizá tengamos que sentir el mismo miedo, el mismo pavor, pero también la admiración y el respeto con el que se acercaban los hombres y las mujeres a escuchar a rapsodas como Homero; eran poetas y cantantes que no sólo deleitaban a sus oyentes, sino que los *aterrorizaban*, los fascinaban, les enseñaban y los invitaban a reflexionar.

Según la creencia homérica, cuando una persona moría, su aliento vital (*psyche*) abandonaba el cuerpo e iba al palacio de Hades, el dios que reinaba sobre los muertos. De ahí que el lugar Hades sea un apócope de 'palacio de Hades', como si en lugar de decir Infierno dijéramos 'casa de Satán'.

¿Pero acaso el Hades es tan terrible como el Infierno? ¿Hay fuego y tormentos? Para los griegos, el Hades era sin duda un lugar terrible, porque incluso quienes mejor hubieran vivido, quienes merecieran lo mejor, se lamentarían de estar en el Hades y de no estar entre los vivos. De ahí que cuando el más grande de los héroes griegos, el pélida Aquiles, conversa con Odiseo y éste se admira de encontrarlo como todo un rey entre los muertos, aquél le contesta que preferiría ser un siervo entre los vivos que un señor entre los muertos.

Para los griegos no hay peor nostalgia que la que produce el Hades; no significa necesariamente que el inframundo esté acompañado de suplicios, sino que nada será comparable a disfrutar de los placeres de la vida, de la suave brisa de una tarde plácida en el terruño (y notemos que es esa placidez la que añoraba Odiseo, para disfrutarla al lado de su amada Penélope… aunque, como sabemos, su corazón también se lanzaba a la aventura).

Una vez que la *psyche* ha abandonado el cuerpo, se convierte en una sombra que no se puede tocar. Las creencias tempranas de los griegos no incluían el castigo para las almas que se hubieran conducido mal en el mundo, pero poco a poco empezaron a creer que quienes habían obrado mal irían al Tártaro, es decir, lo más parecido al Infierno, mientras que los justos serían enviados a los Campos Elíseos, lo más parecido al Cielo. Ambos, el Tártaro y los Campos Elíseos, se encontraban dentro del reino de Hades.

El ejemplo más conocido de los suplicios del Tártaro es el de Tántalo, que conocemos entre otras fuentes por el canto XI de la *Odisea*. Rey de Frigia e hijo de Zeus, se contaba que Tántalo era amigo de los dioses, quienes lo favorecían invitándolo a su mesa y concediéndole favores. Existen tres versiones sobre por qué cayó en desgracia con ellos: o bien porque reveló a la humanidad secretos que los dioses le confiaron, o porque mató a su propio hijo y se lo sirvió a los dioses en la mesa para poner a prueba su poder de observación, o porque robó el néctar y la ambrosía, alimentos de los dioses, y se los entregó a los hombres. El caso es que, tras una vida llena de abundancia, fue condenado en el Hades a estar de pie, hundido hasta el mentón en agua y con frutos por encima de su cabeza. Si Tántalo quería beber el agua, ésta bajaba de nivel: siempre estaba muy cerca de su boca, pero nunca podía beberla. Si quería comer de los frutos, del mismo modo estos se alejaban cada vez de su mano, impulsados por un viento misterioso. Así pues, Tántalo estaba condenando a una eternidad de sed, hambre y deseo.

Se creía que en los Campos Elíseos, o en el Eliseo, como también se lo conoce, lejos de haber suplicios había alimentos exquisitos y felicidad. Allí se les concedía a las almas pías la inmortalidad, y no sufrían esa especie de muerte en vida de las sombras que ya hemos mencionado. Ésta es la versión más común que conservamos de esta creencia, aunque no siempre fue la versión dominante. Considerar brevemente los contrastes entre distintas fuentes nos recuerda que estamos resumiendo y simplificando algo que tuvo muchos matices y que se desarrolló a lo largo de varios siglos.

Para Homero (siglo VIII a.C.), no se trata de islas sino de una tierra firme de perfecta felicidad, que se encontraba en la ribera del río Océano. En Hesiodo (siglo VII a.C.) encontramos una descripción semejante, que afirmaba que se trataba de islas, las llamadas Islas de la Bienaventuranza. De Píndaro (522-443 a.C.) en adelante se dice que para entrar allí se debía haber vivido una buena vida, condición que no habían mencionado sus antecesores. En la época Virgilio, un escritor romano muy importante que retomó muchos de los motivos de los griegos, (70-19 a.C.) se introdujo la creencia de que los Campos Elíseos hacían parte del Hades, cosa que no se pensaba originalmente. Según el relato homérico, cuando la sombra del gran Aquiles acude al llamado de Odiseo, éste no se encuentra gozando del Eliseo, como correspondería a la creencia posterior, sino vagando en el desasosiego del Hades clásico.

Los conceptos de Eliseo y Tártaro han tenido un profundo impacto en la historia de Occidente. Tan es así que podemos constatarlo *físicamente*: en importantes ciudades del mundo se bautizado a ciertos lugares como 'Campos Elíseos', queriendo poner de relieve su carácter paradisíaco. Así, en el elegante barrio de Polanco, en Ciudad de México, hay una calle llamada Campos Elíseos y en París hay una ancha avenida del mismo nombre, que va de la Plaza de la Concordia al Arco del Triunfo, y cuya fama es bien conocida. También en Nueva Orleans, Estados Unidos, hay una vía principal con características semejantes. En la conocida Novena Sinfonía de Beethoven, hay unos versos escritos por Friedrich Schiller bajo el título de 'Oda a la alegría', que podemos traducir del alemán así: "Alegría, destello de los dioses, / Hija del Eliseo".

También encontramos el legado de estos conceptos en la manera más reciente de entender el Cielo y el Infierno, o en la creencia de que haya castigos o recompensas más allá de la vida. Tenemos buenas razones para suponer que, en parte, el concepto de Infierno se deriva del concepto de Hades (aunque también deriva de un lugar mítico en la tradición hebrea llamado *Sheol*). Pensemos por un momento en la cuestión de cómo se transmite la cultura. ¿No resulta interesante que para imaginarnos cómo es el Hades tengamos que imaginar primero el Infierno y, de alguna manera, "restarle elementos"? Por otro lado, hoy en día resulta más fácil entender el concepto de Hades si lo consideramos 'una clase de infierno'. Pues bien, si observáramos el orden cronológico sería más apropiado decir que el

Infierno es 'una clase de Hades'. Aunque para nosotros sea más fácil entender el Hades a partir del Infierno, en realidad la creencia en el Infierno proviene, en buena medida, de la creencia en el Hades.

Volvamos por un momento a la cuestión de la forma del Hades propiamente dicha. En el libro vi de la *Eneida*, Virgilio nos ofrece una de las visiones más completas del Hades, cuando relata cómo su héroe, Eneas, sigue los pasos de Odiseo y realiza un sacrificio de animales para invocar a los difuntos, pero va más allá, pues penetra en lo profundo de su tenebroso mundo.

Por él sabemos que son seis los malolientes ríos del Hades: Aqueronte (el río de la pena), Cocito (lamentos), Flegetonte (fuego), Leteo (olvido), Erídano y el Estigia (odio). Eneas descendió hacia el inframundo por una cueva en el Averno, que es un cráter cercano a Cumas, en Italia. Tras pasar la entrada encontró un vestíbulo en el que tienen sus guaridas varias criaturas, entre ellas el Dolor, la Enfermedad, la Vejez, el Miedo, el Hambre, la Pobreza, la Muerte, la Guerra y la Discordia (vi, 270ss). No podemos ni imaginar qué forma tienen estos monstruos; tanto para los antiguos como para nosotros es difícil pensar en el dolor como una criatura. ¿Cuántos brazos tendría? ¿Cuántas piernas? ¿Y qué decir del hambre? ¿Cómo dibujar siquiera el hambre? La presencia de estos males dentro del recorrido de Eneas, a diferencia de la de otras criaturas mitológicas que son potenciales enemigos y de ese modo fuentes de aventuras, es recordarnos que estos flagelos tan terribles y conocidos nos acechan a todos los seres humanos y son comparables en magnitud con los más temibles monstruos del inframundo: todos estamos expuestos al dolor, a las enfermedades, a la vejez, etc. Vemos cómo los griegos, y más tarde los romanos como Virgilio, hallaban en este tipo de relatos una fuente de humildad y una lección sobre la fragilidad de la condición humana.

Sigue a esta etapa otra visión terrorífica: el olmo del que cuelgan los vanos sueños, que simboliza el abandono de toda esperanza, de todo afán de gloria y aspiración en el momento de la muerte: es un viaje sin retorno, excepto para Eneas, claro está. A continuación hay otras criaturas mitológicas, como los Centauros, mitad caballo y mitad hombre, en su mayoría perversos personajes que atormentaban a quienes se perdían en los bosques; o la Quimera, monstruo que vomitaba llamas y tenía la cabeza de león, vientre de cabra y cola de dragón; o las arpías, monstruos crueles con rostro de mujer y cuerpo de ave de rapiña; entre otras criaturas semejantes.

El Hades es entonces un lugar bien resguardado al que no puede entrar cualquiera, y si Eneas lo logra es gracias al encantamiento que relata Virgilio en su obra. Más allá de este punto se encuentra Caronte, cuya descripción bien vale citar:

"Guarda aquellas aguas y aquellos ríos el horrible barquero Caronte, cuya suciedad espanta; sobre el pecho le cae desaliñada luenga barba blanca, de sus ojos brotan llamas; una sórdida capa cuelga de sus hombros, prendida con un nudo; él mismo maneja su negra barca con un garfio, dispone las velas y transporta en ella los muertos, viejo ya, pero verde y recio en su vejez, como corresponde a un dios". (VI, 295-305)

Caronte no transporta a todas las almas: las almas pertenecientes a hombres cuyos cuerpos no han sido debidamente enterrados deben vagar por cien años antes de ser admitidas al reino de Hades (compárese ésta con la posterior creencia cristiana del limbo, un lugar que no es ni el Cielo ni el Infierno, y a donde irían a parar las almas de los bebés sin bautizar).

En la otra orilla del río se encuentra Cerbero, un guardián verdaderamente temible. ¡Se trata ni más ni menos que de un perro gigantesco de tres cabezas! En la explanada detrás de su cueva están quienes murieron en la niñez, los que fueron condenados a muerte por una causa injusta y quienes se suicidaron. Luego se encuentran los Campos de los lamentos, en donde están quienes murieron de amor, y más allá, los Campos de Asfódelos, en donde moran los que se destacaron en la guerra (de este lugar vienen muchas de las ilustres almas que Odiseo invoca). Entonces se bifurcan los caminos: el izquierdo va hacia el Tártaro y el derecho, atravesando el palacio de Hades, al Eliseo. Tres jueces determinan si las almas irán a un lado o al otro, de acuerdo a qué tan digna haya sido su vida. En el Eliseo, de acuerdo al relato de Virgilio, se encuentran las almas de quienes todavía no han nacido, y también las almas que beben de las aguas del Leteo para olvidarlo todo antes de reencarnar.

Muchas son las historias que conservamos del reino del dios Hades. Su nombre en griego significa 'el invisible' y se dice que era hermano de Zeus, señor de los cielos y de Poseidón, señor de los mares. De este modo, el cosmos estaba repartido entre los tres hermanos. Poseidón, también conocido como Neptuno, es el mismo que le envía el mal viento a Odiseo para que retarde su regreso a Ítaca. Como podemos ver, las historias se entrelazan, resultado de siglos de tradiciones que se combinan entre sí.

Otra de estas historias es la de Perséfone, a quien Odiseo tanto invoca y teme. ¿De quién se trata? Perséfone es la esposa de Hades y la reina del inframundo; cuando joven fue una doncella tan hermosa que el dios decidió raptarla de la Tierra y llevársela para su lóbrego reino. Los griegos contaban que se encontraba recogiendo flores en un campo cuando la tierra se abrió y Hades salió de ella para llevársela. Sin embargo, Perséfone era hija de la poderosa Deméter, diosa de la agricultura, quien la echó tanto de menos que se abandonó a la pena, lo que causó que la Tierra dejara de ser fértil y, por lo tanto, que hubiera una gran hambruna. Preocupado, Zeus envió a Hades la orden de que liberara a la joven, pero él había persuadido a Perséfone para que se comiera cuatro o seis semillas de granada que le impedirían abandonar el inframundo, y ante esto incluso la ayuda de Zeus resultaba inútil. Perséfone le imploró a Hades que la dejara volver a ver a su madre, y este aceptó con la condición de que en adelante pasara con él un mes por cada semilla que había comido. De este modo se explica que haya varios meses de infertilidad en la Tierra, o en otras palabras, que se dé el cambio de estaciones. La primavera vendría entonces a estar marcada por el regreso de Perséfone en el carro de Hades desde el inframundo a la tierra de los vivos. Sólo entonces Deméter vuelve a entregar sus dones al mundo y la Tierra vuelve a germinar.

Aunque en ese mito en particular Perséfone aparece como una víctima inocente, no podemos olvidar que ejercía sus derechos como esposa de Hades y reina del inframundo: era la encargada de enviar los fantasmas para atormentar a los mortales y de hacer efectivas las maldiciones; tanto era el miedo y el respeto que inspiraba entre los griegos que estos no se atrevían a pronunciar su nombre en voz alta; se referían a ella simplemente como 'la muchacha'.

Como vemos, las creencias de los primeros griegos ofrecían explicaciones para los fenómenos naturales y también servían como guías de comportamiento. Cuando leemos los cuentos de la *Odisea* nos encontramos por supuesto frente a una literatura magnífica, pero también frente a *algo más que literatura*: religión, visión del mundo, legado y educación; todos estos son aspectos que no podemos dejar de lado. El miedo a la muerte y las explicaciones míticas que se dan a lo que sobreviene después de la muerte no eran solamente fantasías, sino que tenían un profundo impacto sobre la conducta de los griegos. De esta manera, a medida que las creencias sobre la muerte se fueron haciendo más complejas, los rituales funerarios lo reflejaron. Sirva el siguiente como un ejemplo algo siniestro de qué tan en serio se tomaban los griegos sus creencias: cuando enterraban a sus seres queridos, les ponían bajo la lengua un óbolo, es decir, una moneda de plata, para que los difuntos pudieran pagarle a Caronte por llevarlos a la otra orilla.

Ahora bien, ¿estaban todos los griegos de acuerdo en que el mundo era tal cual como lo describía Homero? La evolución en la creencia fue lenta y no sin disputa. Los eventos que cuenta la *Odisea* y, es justo decir, aquellos que *imagina*, ocurrieron hacia el año 1200 antes de nuestra era. El texto como tal fue escrito a partir de relatos orales que llevaban varios siglos en circulación, desde el año 800 a.C. Durante varios siglos, los cantos de la *Iliada* y la *Odisea* fueron la piedra angular de la educación griega; al escucharlos (recordemos que era muchísimo más frecuente escucharlos que leerlos) los niños aprendían no sólo literatura, sino cómo conducirse en la vida en general; la astucia de Odiseo, la paciencia de Penélope o la valentía de Telémaco eran lecciones de virtud para ellos. Así mismo, tenemos razones para suponer que muchos griegos consideraban la *Odisea* un texto histórico y, a la vez, un relato de ficción. De hecho, desde entonces hasta hoy ambos géneros se entrelazan. Sabemos que la guerra de Troya de la que regresa Odiseo en efecto ocurrió, pero no sabemos con exactitud si los héroes que él menciona existieron, mucho menos si dijeron las palabras que Homero narra.

De lo que no nos cabe duda es que no todos los griegos estaban tan de acuerdo con las enseñanzas del gran Homero; así, ya en el siglo III a.C. Platón denunciaba abiertamente que muchas de las antiguas creencias eran puras supersticiones, y no aceptaba que los dioses tuvieran forma humana o que tuvieran una conducta a menudo licenciosa, desenfrenada; decía que eran ejemplos de mala conducta, contrarios a lo que dictaba la tradición. ¿O acaso es digno de un dios, de un hermano de Zeus, andar raptando muchachas y engañándolas con falsos ofrecimientos?

Antes de concluir con el ejemplo de otro filósofo que

estaba en desacuerdo con la creencia homérica, planteemos algunas preguntas para ver cuánto hemos aprendido hasta ahora: ¿Qué diferencias y parecidos hay entre el Infierno cristiano y el Hades? ¿Qué nos enseña la historia de la *Odisea* sobre cómo se transmite la cultura? ¿Qué tenemos en común con los griegos? ¿Por qué ofrece Odiseo sacrificios de animales?

El filósofo con el que vamos a cerrar este capítulo es Epicuro (341-270 a.C.), quien en su carta a Meneceo dice lo siguiente:

"Acostúmbrate a pensar que la muerte nada es para nosotros, porque todo bien y todo mal residen en la sensación, y la muerte es privación de los sentidos. El recto conocimiento de que la muerte nada es para nosotros hace dichosa la mortalidad de la vida, no porque añada una temporalidad infinita sino porque elimina el ansia de inmortalidad. Nada temible hay, en efecto, en el vivir para quien ha comprendido realmente que nada temible hay en el no vivir".

En otras palabras, Epicuro piensa que no hay que tenerle miedo a la muerte, pues cuando nos llegue la muerte no vamos a sentir nada, ni bueno ni malo. ¿Cómo podría la muerte ser algo malo, si no vamos a poder *sentirla*? Así, vivir apesadumbrado por el miedo a la muerte no es sino una superstición, y está de más decir que cualquier creencia en el inframundo o en la vida después de la muerte no tienen ningún sentido. Con lo cual, todo lo que hemos aprendido sobre la forma del Hades no será más que *literatura*.

Y tú, ¿qué piensas?

Héroes de papel
y héroes de carne y hueso

YA HEMOS HABLADO UN POCO SOBRE héroes como Odiseo, que surcó los mares durante años sin desfallecer, o Aquiles, el más valiente y fuerte en la batalla. ¿Pero sabemos bien qué cosa es un héroe o que características lo definen? ¿Hay diferencias entre tipos de héroes? ¿Son iguales los héroes de la Antigüedad a los héroes contemporáneos? ¿En qué se parecen y en qué se diferencian los héroes literarios y los héroes históricos?

Veamos, antes que nada, si podemos definir qué es un héroe. Para ello, consideremos algunos de los héroes que nos resulten más familiares para encontrar características a partir de las cuales emerja una definición. Pero, ¿en dónde andan los héroes que necesitamos para llevar a cabo nuestra pesquisa? ¿Alguna vez nos hemos sentado a conversar con un héroe? Lo más probable es que *nunca* hayamos visto a un héroe y que no lo imaginemos haciendo labores cotidianas. Tratemos de pensar en nuestro héroe favorito llevando a cabo acciones como cepillarse los dientes, sacar la basura o subirse a un bus de servicio público. Notaremos que nos resulta difícil.

¿Qué tal Superman quejándose por lo cara que está la remolacha? ¿O Simón Bolívar agachándose a recoger una moneda caída en el piso?

La dificultad que tenemos para imaginar a los héroes haciendo las mismas cosas que hacen los demás seres humanos nos revela una de las características del concepto de héroe: el héroe es siempre un ser *extraordinario*. Por definición, el héroe no puede ser cualquier persona, tiene que ser alguien muy especial. ¿Podemos afirmar que este primer elemento de nuestra definición se aplica a Odiseo? Por supuesto. No cualquiera se pasa años vagando por los mares para volver a casa, ni se enfrenta a un cíclope, ni se resiste a los cantos de las sirenas, o a los hechizos de las brujas.

Los héroes, entonces, son seres especiales: el héroe tiene que ser una excepción y no una norma. ¿Y qué los hace tan especiales? Sus hazañas: en cada tira cómica Superman realiza la hazaña de salvar al mundo, en cada libro de la *Odisea* de Homero, Odiseo supera un obstáculo que parecía imposible de superar y se acerca un poco más a su regreso a casa. Estas hazañas, a su vez, son la prueba de sus *virtudes*, de su valentía, su astucia o su fuerza, entre otras. Vemos que el héroe es extraordinario y virtuoso, pero haremos bien en notar que, además, está destinado a la grandeza; no es suficiente con tener grandes cualidades o ser único en su clase. Hace falta además tener un papel dentro de un orden más grande de cosas: tener una misión. El héroe no se hace héroe sentado en un sillón esperando a que algo pase; aparte de las virtudes o el carácter extraordinario, su destino es el de llevar a cabo peligrosas *aventuras*.

Otro rasgo del héroe es el de ser protagonista. Reflexionemos un momento sobre esta característica: ¿podemos imaginar una historia en la que aparezca Superman pero en la que sea apenas un personaje secundario? Quizá podríamos escribir sobre un día en la vida de un ciudadano común y corriente de Metrópolis, pero no dejaría de ser extraño que alguien tan prominente como Superman apenas desempeñara un rol insignificante allí. Algo parecido sucede con la *Odisea*: el centro del relato siempre será el héroe principal, es decir, Odiseo; tan es así que el nombre de la obra entera se debe a este personaje (recordemos que a Odiseo también se lo conoce como Ulises). Los héroes tienden a ser los protagonistas de las historias, y entre más importante sea la figura de un héroe en el desarrollo de las hazañas, mayor será su papel dentro en la narración. Así, aunque Odiseo aparece ya en la *Iliada*, en ella desempeña un papel secundario; allí el protagonismo es de Aquiles, quien se destaca más que él en la guerra. Hará falta que Homero le dedique otro poema para resaltar las virtudes que Odiseo ofrece como alternativa a las de Aquiles: en lugar de la fuerza, la astucia; en lugar del espíritu aguerrido, la paciencia, y así sucesivamente. Odiseo y Aquiles son distintos *tipos* de héroes.

Otro tipo sería Héctor, el rey de los troyanos, quien en la *Iliada* dirige los esfuerzos por defender la ciudad sitiada de los embates de los aqueos. Aunque Héctor es uno de los personajes con mejores talentos y con la mayor valentía, desde el comienzo está destinado a perder, razón por la cual se lo considera un *héroe trágico*. Notemos que Héctor no es un *villano*, pues no hace deliberadamente el mal como Lex Luthor. Al igual que Aquiles, Héctor es un héroe; sin embargo, mientras que el primero es el protagonista, el troyano es el antagonista. Es su enemigo, pero es un enemigo digno y valioso.

Queda claro que hay distintas clases de héroe, ¿pero cómo podemos decir entonces que alguien es "más héroe" que otro? Pensemos en los elementos que hemos anotado hasta ahora: carácter extraordinario, virtudes, destino, aventuras, hazañas. Habría entonces héroes más extraordinarios que otros, con más virtudes, con un destino más importante, que realizan hazañas más difíciles y pasan por aventuras más interesantes. Tanto Aquiles como Odiseo hacen parte de los mayores héroes de la Antigüedad, y fueron considerados entonces como *ejemplos* a seguir.

En el capítulo anterior vimos que para los griegos las grandes épicas clásicas eran más que un texto entretenido: eran también pilares de su educación. De ahí que para aprender cómo conducirse en la vida se fijaran en los ejemplos que les proporcionaban los héroes. Veamos cómo opera el ejemplo: que Odiseo sea desviado de su camino a casa por no haber ofrecido el debido sacrificio a los dioses recuerda a los griegos antiguos tanto la importancia de ser agradecido como la de respetar a los dioses. Del mismo modo, que Odiseo logre escapar de la cueva de Polifemo mediante el engaño, haciéndole pensar al cíclope que sólo estaba dejando salir a las ovejas, recuerda la importancia de la astucia y de la persistencia en el logro de los objetivos. De cada hazaña de los héroes es posible extraer una lección, y cada *virtud* de los héroes puede traducirse en un *valor* de la sociedad de la que procede. Los héroes de hoy en día representan los bienes y las virtudes a los que las personas aspiran en nuestra sociedad. En el caso de los antiguos griegos, Aquiles ofrece el ejemplo de cómo conducirse en tiempos de guerra (con arrojo y valentía), mientras que Odiseo ofrece el ejemplo de cómo conducirse en tiempos de paz (con perseverancia y sabiduría).

Hemos tocado un punto fundamental sobre lo que es propio del héroe: nos permite aprender sobre la sociedad que lo hace posible. Al leer sobre Odiseo o Aquiles aprendemos que en la sociedad griega la belleza era considerada como un gran don; que saber navegar era muy importante; que el liderazgo sobre los subalternos se premiaba grandemente; que la nobleza se refrendaba con obras.

Volvamos a la comparación que hemos hecho con Superman para resolver la pregunta que nos hemos propuesto sobre las diferencias y parecidos entre los héroes de la Antigüedad y los del presente. Superman y Odiseo comparten la definición general de héroe a la que hemos llegado: son seres extraordinarios, virtuosos, destinados a la grandeza, que viven aventuras y realizan grandes hazañas, que tienen un papel importante en la narración y que representan lo mejor de la sociedad que los concibió. En ese último rasgo radica la diferencia: los valores han cambiado, pues Superman aparece no ya como un héroe sino como un *superhéroe*; mientras que la vida de Odiseo peligra en cada página de la *Odisea*, Superman es casi invulnerable. Sabemos que el ánima del gran Aquiles vagaba triste por el inframundo; ¿no resulta difícil imaginar a Superman tan apocado y humilde? Los superhéroes son propios de una época en donde nos creemos invulnerables, donde la medicina nos ha librado de muchas de las amenazas de antes y en donde tenemos más fe en el individuo que en la colectividad. Mientras que el individualista Superman vence los obstáculos solo, sin necesitar de nadie, Odiseo siempre extraña a sus seres queridos y hace alianzas para seguir adelante. Superman es muy veloz, si lo desea puede estar en otro lugar del mundo en cuestión de minutos, cosa que coincide con el auge de los medios de transporte en nuestra época; y se lo llama 'el hombre de acero', pues ese metal cambió la historia del siglo xx. Es más prominente que Superchica y siempre anda rescatando a la frágil Luisa Lane, pues procede de una sociedad machista. Podríamos seguir examinando cómo este héroe refleja la sociedad contemporánea, pero conviene que volvamos a la heroicidad griega propiamente dicha. Antes de dejar a Superman en el lejano siglo xx, sin embargo, conservemos unas preguntas para reflexionar en otro momento: ¿cuál es nuestro héroe favorito? ¿Qué dice eso sobre nosotros y sobre la sociedad a la que pertenecemos? Muchos adjetivos se pueden usar para describir a Superman: fuerte, ágil, valiente. Sin embargo, no cabe decir de él, como sí puede decirse de Odiseo, que sea *sabio*. ¿Será que nuestra época ya no le presta tanta atención a la sabiduría?

Ahora que entendemos mejor qué es un héroe, aprendamos un poco más sobre los héroes de la Antigua Grecia y sobre lo que nos revelan acerca de su época. Lo primero que debemos tener en cuenta es que la historia de los hé-

roes en la ficción y la de los héroes en la realidad tienen importantes puntos de contacto. Los antiguos griegos creían que su civilización había sido fundada y defendida por héroes: por muchos siglos creyeron que sus primeros reyes fueron personajes tan fantásticos como aquellos sobre los que nos cuenta Homero y, que, además, eran descendientes de los dioses. De este modo, sus creencias religiosas, que también se nutren de la tradición literaria, suponían que toda la civilización griega tendría un origen divino y, por lo tanto, un destino de grandeza. Las leyendas alimentaban el sentido de identidad del pueblo griego.

Héroes reales posteriores a la época homérica, como Solón (638-558 a.C.) o incluso Alejandro Magno (356-323 a.C.), serán comparados con los héroes que menciona la literatura; así mismo, su leyenda se construirá siguiendo procedimientos similares a los de Homero, y sobre sus hazañas se compondrán muchos cantos y poemas. La literatura no sólo transmite las hazañas heroicas que tuvieron lugar en la imaginación de los poetas; también cuenta, sin dejar de enaltecerlas y hasta exagerarlas, las hazañas de hombres de carne y hueso. Contar las hazañas de los héroes también es una manera de recordar el pasado; no es de extrañarse, entonces, que cuando aprendemos la historia de un pueblo aprendamos la historia de sus héroes: que tal o cual rey conquistó, que la reina fulana firmó el importante tratado, en fin. Pensemos por un momento en los héroes de las naciones de hoy. Simón Bolívar, José de San Martín, Francisco Morazán o George Washington: ¿cuánto de lo que representan hoy para nosotros depende de la *leyenda* que se ha construido en torno suyo?

Tenemos razones para suponer que cuando menos algunos de los héroes homéricos se basaron en personas que en realidad existieron. Eran personajes tratados con respeto, admiración y, ante todo, vistos como ejemplos, ya que las narraciones de sus vidas sirven como guías de comportamiento. No son héroes en el sentido en el que Superman es un héroe; es decir, no son solamente invenciones que entretienen. Tampoco son héroes en el sentido en el que Simón Bolívar lo es. Si podemos imaginar un héroe que se encuentre en un punto medio entre el héroe tipo Superman y el de una importante figura histórica, nos acercaremos al tipo de héroes de la Antigua Grecia. Así como hoy día cada tanto se hacen películas o se escriben libros con los héroes nacionales como protagonistas, estos héroes griegos aparecen tanto en los textos de Homero (siglo VIII a.C.), como en reelaboraciones trágicas a cargo de Esquilo (525-456 a.C.), o en las comedias de Aristófanes (444-385 a.C.). ¡Imaginémonos que nuestra civilización pasara quinientos años reescribiendo la historia de Superman!

El único héroe que puede disputarse con Aquiles el título de ser el más importante y recordado del mundo griego es Hércules. A Hércules también se le conocía como Heracles; el primero es su nombre latino y el segundo es su nombre griego. Cuando los romanos conquistaron a los griegos, en 146 a.C., adoptaron muchas de sus tradiciones, aunque cambiaron sus nombres griegos al latín, la lengua de los conquistadores. De ese modo Heracles pasa a ser Hércules, Odiseo pasa a ser Ulises y Zeus pasa a ser Júpiter. La tradición literaria latina está llena de referencias al mundo griego, las cuales a su vez se transmitirán a la literatura española, ya que el español, como el francés y el portugués, deriva del latín. Tan conocida era la leyenda de Hércules que se le llegó a rendir culto, lo que explica en parte que conservemos muchas estatuas suyas, tanto griegas como romanas; incluso durante el Renacimiento se volverán a esculpir figuras de Hércules y a componer poemas en su honor.

Sus hazañas no son poca cosa, ya que desde muy niño tuvo que enfrentar la más dura adversidad. Era hijo del dios Zeus y de la mortal Alcmena, nieta de Perseo, otro importante héroe griego. Zeus había prometido que el hijo esperado en la casa de los descendientes de Perseo sería rey, de manera que el destino del pequeño Hércules sería reinar. Sin embargo, Hera, la esposa del dios, celosa por su infidelidad, consiguió que naciera en la familia otro bebé antes que Hércules, arrebatándole así el reino. No contenta con ello, además quiso matar al pequeño héroe y envió a dos peligrosas culebras para que lo atacaran en la cuna. Fue entonces cuando el niño realizó uno de sus primeros prodigios, pues cuentan que cuando la niñera entró al cuarto se encontró al bebé zarandeando los cadáveres de las serpientes como si fueran juguetes, uno en cada mano: las había estrangulado.

De nada sirvió para aplacar la ira de la diosa el que se lo bautizara en su honor ('Heracles' por 'Hera'), y este no es sino el primer episodio en el que la diosa vengativa quiso acabar con el hijo extramatrimonial de Zeus, su marido.

Tanta era su ira que cuando Hércules ya era adulto y se encontraba felizmente casado, hizo que le diera un ataque de locura en el que mató a sus hijos con sus propias manos. En penitencia por su horrible acción, una sacerdotisa le dijo que tenía que llevar a cabo los trabajos que le impusiera Euristeo, el hombre que había usurpado su derecho al trono y su enemigo natural. Hércules tuvo entonces que pasar por doce duras pruebas. La primera de ellas fue vencer al león de Nemea, que había estado aterrorizando a la región. Después de llevar a cabo la tarea, Hércules conservó la piel del león y la llevaba puesta, con lo cual la gente lo distinguía y sabía que se trataba de un hombre tan fiero y tan fuerte que había podido matar al peligroso depredador.

Su segunda prueba o "labor", como se las conocía, consistió en matar a la Hidra del lago de Lerna. La Hidra era un temible monstruo de nueve cabezas al que ningún hombre había podido doblegar. Y así siguieron sus labores, cada una más difícil que la anterior, hasta llegar a la durísima prueba de ir al inframundo y traer a Cerbero, el perro de tres cabezas que, como sabemos, era el vigía de Hades.

Cada una de sus labores tuvo lugar en distintos confines del mundo griego, de manera que cuando se relataban en voz alta resultaba casi como una lección de geografía, aunque combinara lo fantástico con lo real. Cuando superó todas las pruebas, Hércules se libró de la servidumbre a la que estaba sujeto, y no tuvo que responder más por los caprichos de su enemigo, quien, dicho sea de paso, sí era propiamente un villano y no solamente un antagonista. Al final de sus días, Hércules incluso se reconcilió con Hera, quien reconoció su

valor; fue de este modo como se hizo merecedor de la fama
y de la eternidad en la memoria de su pueblo.

Antes de mencionar a otros héroes griegos pensemos
por un momento en los parecidos y diferencias entre el tipo
de héroe que es Hércules y el tipo de héroe que es Odiseo,
así como en lo que cada uno nos permite aprender sobre
el mundo griego.

Lo primero que hay que notar es que las aventuras de
Hércules transcurren en tierra firme, y reflejan una parte de
las actividades económicas de los griegos, que incluyen, por
ejemplo, el pastoreo o la agricultura (pues los griegos eran
también campesinos, entre otras muchas cosas): el héroe
asume retos como enfrentar a un jabalí a quien nadie ha
podido cazar, o a un toro salvaje que aterrorizaba la isla de
Creta. Las hazañas de Odisea, en cambio, reflejan otra importante fuente de riqueza en el mundo griego: el comercio
marítimo. Notaremos también que ambos son víctima de
la ira de los dioses, Hércules de la de Hera y Odiseo de la
de Poseidón. Ello es muestra de un rasgo fundamental del
héroe griego, y es que este debe guardar un difícil equilibrio
entre obedecer a los dioses y hacer su propia voluntad para
prevalecer. En medio de esta aparente contradicción, los
griegos aprendían a templar su carácter y a imitar la tena-
cidad de los héroes tratando de evitar caer en la soberbia
de la que con frecuencia estos son presa. Hay que imitar su
areté, es decir, su excelencia, sin caer en la *hybris*, o sea, en
los excesos que muy a menudo los arrojan a la tragedia.

El gran Aquiles es un héroe que se distingue por su
soberbia y por su ira, pero también por su valentía, belleza

y liderazgo. Su historia nos permitirá entender mejor el concepto de *areté*. Aquiles era hijo del rey Peleo (de ahí que se lo llame Aquiles el pélida) y de una deidad menor, la ninfa marina Tetis. Cuenta la leyenda que cuando nació, Tetis trató de volverlo inmortal sumergiéndolo en el río Estigia, que ya mencionamos en el capítulo anterior. Lo habría conseguido, de no ser porque olvidó mojar el talón de donde lo tenía sujetado, con lo cual, el héroe permaneció vulnerable ese punto. De ahí viene la expresión "el talón de Aquiles", que usamos para referirnos al punto débil de una persona. Algunas versiones de su leyenda cuentan que pasó sus primeros años en los bosques con su compañero Patroclo al cuidado del centauro Quirón, quien les enseñó diversas artes para alcanzar la grandeza en el campo de batalla.

Para los griegos *areté* significó inicialmente 'destreza guerrera', pero pronto pasó a ser nobleza y excelencia en un sentido más general. De ahí que en las versiones de la leyenda de Aquiles que señalan que lo educó Fénix, se dice que este le recuerda al joven que fue educado "para ambas cosas; para pronunciar palabras y para realizar acciones". Aquiles reúne entonces la valentía de un héroe menor como es Áyax, y también la sabiduría y la palabra oportuna de Odiseo. Bueno, bello e inteligente, Aquiles es un perfecto ejemplo de *areté*, de la virtud como la entendían los antiguos griegos. Ahora bien, un ser humano perfecto no se presta para una situación dramática; Aquiles es virtuoso pero no es ningún santurrón. Adolece de ira, de una ira tan grande que sólo él y los dioses pueden sentirla. Tan es así

que, cuando decimos que Aquiles es el protagonista de la *Iliada* también podríamos decir que la verdadera protagonista es su ira: la épica cuenta la historia desde que contrajo esta ira terrible hasta que ella por fin amainó. La ira lleva a Aquiles a la grandeza, a ser el guerrero más valioso y temido en el campo de batalla, aunque a la postre también lo conducirá a la muerte. Desde muy joven supo que debía escoger su destino: vivir una vida corta y grandiosa o una larga y poco especial.

Un ejemplo del concepto de *hybris* nos lo provee Belerofonte, un héroe con menor categoría que Aquiles, pero que tiene una leyenda interesante. Belerofonte realizó grandes hazañas, como la de dar muerte a la Quimera, un monstruo que vomitaba llamas y tenía cabeza de león, vientre de cabra y cola de dragón, y que era temido, además, porque asolaba los campos devorando animales y personas; así mismo, este héroe fue capaz de domar a Pegaso, el célebre caballo alado, poniéndole una brida de oro que le obsequió la diosa Atenea. El caso es que, después de una vida tan distinguida, su orgullo lo llevó a compararse con los dioses, a creerse algo más que un ser humano. Fue así que montó en Pegaso y trató de llegar hasta el Olimpo. Zeus castigó su *hybris*, es decir, su exceso, su soberbia, enviando a un pequeño mosquito que no tuvo sino que picar a Pegaso para que este, enfurecido, se sacudiera a Belerofonte de su lomo, y lo arrojara al vacío.

Lo anterior nos muestra un elemento fundamental en el complejo concepto del héroe griego: el héroe siempre se encuentra en una encrucijada. Es una criatura semidivina, es decir, mitad dios mitad hombre: por poco trasciende la condición humana, pero en últimas también es un ser humano como todos nosotros. Es un ejemplo de lo mejor que podemos ser, y de los peligros que nos acechan, y nos invita a ser fuertes, valientes y justos; pero también nos recuerda nuestros límites humanos.

Como veíamos en el capítulo anterior con las historias del Hades, también las historias de los héroes se entrelazan. Ya sabemos que Odiseo ha participado en la *Iliada*, pues hizo parte de los guerreros al mando de Aquiles. Pues bien, haría falta añadir que Odiseo portó incluso la armadura de Aquiles, y que la ganó al final de la guerra de Troya, cuando el mayor líder de los aqueos ya había muerto y su cuerpo había sido rescatado de las filas de los enemigos por Áyax, el segundo hombre en su ejército. Este inaudito acto de valentía prueba que Áyax era más fuerte y tenía mejores talentos para la guerra que el propio Odiseo, pero cuando luchó contra él por esa preciada reliquia perdió, para su descrédito y vergüenza, pues fue vencido en la batalla por un personaje más astuto que valiente. Fue tal su desesperación, que Áyax terminó enloqueciendo y quitándose la vida.

Las leyendas de los griegos se combinan entre sí; una termina donde empieza otra. Entre todas tejen una visión del mundo, de la condición humana; son el resultado de siglos y siglos del despliegue de la imaginación en la tradición oral, pero también del trabajo consciente de escritores que retoman los temas clásicos y continuamente les dan nueva vida. En esta visión del mundo la vida aparece como un bien preciado y frágil, llena de padecimientos y placeres; como una constante búsqueda del honor y la virtud. Los griegos llamaban *pathos* a este intenso sentimiento que acompaña al héroe que enfrenta su destino, y al que también estamos sujetos los demás seres humanos. No seremos Áyax perdiendo la armadura de Aquiles, su bien más preciado, pero como él podemos llegar a perder lo que más deseamos; tampoco seremos Héctor, quien se despide de su hijo y de su esposa y se encamina a luchar contra Aquiles a sabiendas de que va a perecer, pero, como Héctor, tememos perder a nuestros seres queridos y sabemos que tenemos deberes por cumplir.

Podríamos mencionar a muchos otros héroes que tienen historias interesantísimas, pero ya tenemos suficientes elementos para entender la heroicidad griega, para relacionarla con la heroicidad de nuestra época y para ver cómo nos atañe a nosotros. El lector podrá investigar por su cuenta sobre héroes tan magníficos como Perseo, quien dio muerte a una criatura que tenía serpientes en la cabeza y que con su sola mirada podía convertir a la gente en piedra, la Medusa; o bien sobre Teseo, quien libró a sus conciudadanos del Minotauro, un monstruo que era mitad hombre y mitad toro, y que estaba encerrado en un gigantesco laberinto en la isla de Creta. Según dice la leyenda, cada año había que entregarle al Minotauro como sacrificio siete mancebos y siete doncellas que el monstruo devoraba. ¿Y qué decir sobre Jasón, que salió en busca del vellocino de oro y lideró una expedición de cincuenta héroes, entre los cuales estuvo el propio Hércules?

Cuando contemplamos todo este entramado de acciones heroicas y de personajes que vivieron su vida con tanta

intensidad, entendemos también cuán terrorífico es que las almas de los héroes se acercaran a beber de la sangre que ofrecía Odiseo en su sesión de espiritismo. Leer sobre personas virtuosas que luchan por alcanzar la grandeza y que en ocasiones perecen por ella nos da más ganas de vivir, y de vivir heroicamente.

La historia del mundo
a vuelo de pájaro

⧉

AHORA QUE SABEMOS UN POCO SOBRE CÓMO pensaban los griegos, sobre sus creencias y su literatura, de seguro nos resultará interesante aprender sobre su historia.

La civilización griega se desarrolló inicialmente en la isla de Creta, en el mar Mediterráneo. A comienzos del segundo milenio antes de nuestra era, sus pobladores ya habían hecho grandes avances y comerciaban con los egipcios y con los pueblos de Asia Menor. A partir del siglo XVII a.C. varias tribus que hablaban dialectos de griego invadieron Grecia central y el Peloponeso: los aqueos (el pueblo victorioso en la *Ilíada*), los arcadios, los eolios, los jonios y finalmente, hacia 1100 a.C., los dorios. Gracias a que en 1953 d.C. lograron descifrarse unas tabletas escritas en Linear B, una forma antigua de griego, sabemos que hacia 1500 a.C. los aqueos ya se habían expandido y habían tomado control del mar Egeo.

Empieza entonces la época de la supremacía aquea, conocida como la 'era heroica', en la que hubo reyes como Agamenón de Micenas, cuya leyenda se preservaría en la

Iliada. Allí se lo representa como quien dirige los ejércitos aqueos en los que se destaca el héroe Aquiles. La guerra de Troya, el telón de fondo de los poemas homéricos, es en verdad el reflejo de las batallas que libraron los aqueos y otros pueblos en su expansión por las costas del Egeo hacia el siglo XII a.C. Notemos que Homero canta estas heroicas batallas en el siglo VIII a.C., así que ya han pasado cuatro siglos de tradición oral antes de que él se decida por algunas versiones que hay en circulación y les dé una forma poética definitiva. Es como si hoy en día escribiéramos un poema basándonos en historias tradicionales que hayan pasado de boca en boca desde el año 1600.

La época del esplendor aqueo termina con las invasiones de los dorios, y hacia el año 1000 a.C. empieza un período de consolidación de las *polis* o las ciudades-estado griegas, que fueron el resultado del asentamiento de los distintos pueblos que compartían la lengua griega. Todos ellos se identificaban como helénicos, es decir, como descendientes de la legendaria Helena cuyo secuestro desataría la guerra de Troya según cuentan los poemas de Homero. Como vemos, el mito da un sentido de identidad al mundo griego. En la leyenda, Helena es la 'madre fundacional' de los pueblos griegos, de la misma manera, podría decirse, en que el legendario George Washington es considerado el 'padre fundador' de los Estados Unidos. Es posible que, al igual que pasa en la actualidad con Washington, una persona de carne y hueso con la que se creó una leyenda, haya existido también una bella mujer de nombre Helena a partir de la cual se construyó el mito. Sin embargo, no tenemos cómo corroborar una hipótesis de ese tipo, y posiblemente tampoco tenían cómo hacerlo los pueblos helénicos.

Inicialmente las polis eran gobernadas por reyes, pero pronto fueron reemplazadas por aristocracias que no permitieron el ascenso de la clase media, que se había fortalecido desde que se introdujo la moneda, hacia 680 a.C. Ello condujo luego a que en la mayoría de las ciudades, con excepción de Esparta, las aristocracias gobernantes fueran reemplazadas por tiranos. Se les llamaba 'tiranos' porque se tomaban el poder de manera ilegítima, pero no necesariamente porque fueran déspotas en el sentido en el que entendemos la palabra 'tirano' hoy en día. Algunos sí lo fueron, y hacia el año 500 a.C. ya la mayoría de las tiranías habían sido abolidas en las polis griegas. Entre el 750 a.C. y el 500 a.C. hubo una gran expansión territorial con la cual llegó a haber asentamientos griegos en lugares tan distantes como lo que hoy en día es España o en la actual Marsella, en el sur de Francia.

Aunque había disputas entre las polis, la unidad de los pueblos griegos o helénicos se mantuvo gracias a que compartían una misma religión, y a que periódicamente hacían treguas sagradas para celebrar encuentros *panhelénicos* (que reunían a todos los helenos) como los Juegos Olímpicos, celebrados por primera vez en 776 a.C. En tiempos modernos se revivió la tradición interrumpida por muchos siglos de celebrar esas justas deportivas, con el espíritu lograr que las naciones se unieran en torno a un fin común. A diferencia de los juegos modernos, los antiguos tenían una naturaleza mucho más ritual y religiosa, eran muchos menos y eran más rústicos que los de hoy en día. Al igual que los antiguos juegos, los poemas homéricos eran un factor que contribuía a la unión entre los helenos y que sirvió para que pronto brotara una cultura común que incluía a poetas y filósofos.

Para el año 500 a.C. las dos polis griegas más prominentes eran Esparta y Atenas. Esparta estaba dominada por una aristocracia terrateniente y guerrera, mientras que Atenas era democrática y estaba dominada por la clase media. Por su parte, los atenienses habían desarrollado instituciones democráticas y tomaban sus decisiones a partir del voto de los ciudadanos.

El tercer gran período de la historia griega va de 499 a 338 a.C., y en él tienen lugar las guerras contra los persas, el auge del imperio ateniense, la guerra del Peloponeso y las posteriores luchas por el poder entre distintas polis. Darío, rey de Persia, invadió territorio griego, pero fue repelido en la batalla de Maratón (492 a.C.) por tropas atenienses, con lo cual su polis ganó prominencia y prosperidad. Diez años después, los persas volvieron a atacar bajo el mando del rey Jerjes, quien los guió a nuevas victorias pero sucumbió al poder marítimo de los griegos en la batalla de Salamina (480 a.C.). Fue en el contexto de estas disputas que Esparta empezó a perder su supremacía sobre Atenas, pues los participantes de las distintas polis se rebelaron contra su liderazgo y les entregaron las riendas de las tropas a los atenienses.

Atenas usó los fondos que se habían recolectado con el fin de combatir a los persas para fortalecer aun más su poder marítimo, con lo cual se convirtió en la primera gran

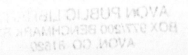

potencia del Egeo. Bajo el gobierno de Pericles hubo treinta años en los que Atenas fue la cabeza de un imperio, y se construyeron algunos de los edificios más magníficos que llegó a haber en la Antigüedad (varios de ellos están aún en pie, en distintos grados de conservación, en la Atenas moderna).

En la era de Pericles las decisiones siguieron tomándose democráticamente entre los ciudadanos atenienses, pero ellos no eran sino una pequeña fracción de la población. Las demás polis terminaban pagando impuestos que eran recolectados en Atenas, que de ese modo pasó a ser la capital de un imperio y no solamente una polis entre otras.

Finalmente este desequilibrio condujo a la guerra del Peloponeso, en la que los espartanos y sus aliados se rebelaron contra el dominio ateniense. Las hostilidades comenzaron en 431 a.C. y siguieron intermitentemente hasta 404 a.C. Durante mucho tiempo el conflicto no se resolvió a favor de ninguno de los dos bandos, pues los espartanos eran superiores en el combate en tierra y los atenienses en el marítimo. Al fin, Atenas cayó. Las décadas que siguieron vieron un nuevo auge de Esparta y la ascendente ciudad de Tebas se convirtió en el contrapeso político de Atenas incluso por encima de Esparta.

En medio de este clima de inestabilidad, el audaz rey Filipo de Macedonia tomó control del mundo helénico en el año de 338 a.C. Los helenos consideraban a los macedonios como bárbaros, pero se vieron forzados a reconocerlos como iguales. Bajo Filipo, las culturas helenas y la macedonia se empezaron a amalgamar, lo que en términos prácticos significó que los macedonios, si bien eran el pueblo vencedor, adoptaron las costumbres de los griegos, el pueblo vencido. Como sabemos, lo mismo habría de suceder años más tarde con los romanos, que eran superiores militarmente pero de manera análoga adoptaron la literatura, las artes, la religión, la cultura griega en general.

El sueño de Felipe era comandar un ejército greco-macedonio contra los persas, pero murió antes de poderlo llevar a cabo. Sería su hijo, a quien la historia daría en llamar Alejandro Magno, quien haría realidad ese sueño. Educado por el gran filósofo Aristóteles, Alejandro era un hombre joven y bien preparado cuando asumió el trono. Al mando de un ejército que se estima en 35.000 hombres, Alejandro llegó a conquistar la vasta franja de terreno que va desde Macedonia hasta Egipto, así como las importantes Babilonia y Persépolis (hoy en día, respectivamente, Irak e Irán). Alejandro era alabado como un dios, como un héroe de tiempos homéricos; en Egipto, un oráculo, es decir una especie de adivino, le dijo que era hijo de Zeus. Alejandro fundó más de setenta ciudades, entre ellas la nueva capital, Alejandría. Unificó a Oriente y Occidente, haciendo que sus militares se casaran con mujeres persas y defendiendo la unidad cultural y política; redefinió la cultura helénica y llevó la influencia de la cultura griega a los confines de su reino. En un reinado de tan sólo trece años llegó a consolidar el imperio más vasto que hubiera conocido la humanidad hasta entonces. Tras su muerte, en 323 a.C., cuando apenas había cumplido 33 años de edad, el imperio se dividió.

El mundo helénico habría de sucumbir ante el poder de los romanos en 146 a.C. Bajo el gobierno de Roma se conservarían muchas de las antiguas costumbres y tradiciones, y esto es lo que nos permite hoy en día tener un acervo de conocimientos sobre los griegos de hace tanto tiempo.

En tiempos modernos nos hemos identificado más con el ideal de vida ateniense, con sus tradiciones democráticas y su riqueza cultural, que con el modelo de aristocracia guerrera de Esparta o con la civilización persa. Quizá sea por esto que cuando se cuenta la historia de Grecia se suele hacer desde el punto de vista de Atenas. ¿Cómo cambiaría lo que acabamos de aprender si estuviera contado desde otro punto de vista? Recordamos a Alejandro Magno como un héroe y no como un asesino, aun si la sangre de incontables personas corrió bajo su mano para hacer realidad el sueño de su imperio.

En la ficción homérica, también Aquiles es generoso con los suyos y despiadado con sus enemigos, da muerte a cientos de troyanos y al final lo recordamos como un héroe. El célebre cómico Charles Chaplin dijo lo siguiente: "Las guerras, los conflictos son todo un negocio. Un asesinato hace a un villano. Millones, a un héroe. Las cifras santifican". ¿Qué podemos pensar sobre la historia de los griegos, llena de grandeza y ambición, y también de tanta violencia y muerte?

Listado de ilustraciones

Carnero sacrificial   56

Homero   62

Quimera   69

Caronte   74

Odiseo   80

Aquiles   85

Hércules y la Hidra   89

Pegaso   93

Minotauro   97